Andrea Coppola

BLENDER

La Guida Definitiva

AGGIORNAMENTO 2016

Blender
High School

Blender Foundation
CERTIFIED TRAINER

Sommario

1
INTRODUZIONE

1.1. Perché questo nuovo volume?

Come specificato nel primo volume e corretto nel quinto volume di *Blender - La Guida Definitiva*, gli argomenti si ritengono conclusi e ben documentati, con numerosi esempi e immagini esplicative (almeno fino ad una futura versione del software in cui - speriamo più in là possibile - l'interfaccia dovesse cambiare drasticamente da far diventare Blender un nuovo programma).

Ciò nonostante, la continua ricerca, lo sviluppo e il rilascio di nuove *release* e versioni del *software*, necessitano di tanto in tanto di revisioni più o meno complesse.

Il caso della nuova ultima versione 2.78, uscita a settembre 2016 mi ha convinto a prendere in seria considerazione che Blender ha bisogno di aggiornamenti anche della guida che sta diventando (e ringrazio ancora tutti) un punto di riferimento di moltissime persone.

Appare evidente che sarebbe assurdo riscrivere e ristampare tutto daccapo ogni uno o due anni. Sarebbe come chiedere alla *Treccani* di riscrivere e rimpaginare tutto ogni volta che esce un termine nuovo.

Questo è il motivo per cui, proprio prendendo spunto dalla *Treccani* stessa, l'unica soluzione appare l'aggiornamento, così come per il *software* stesso.

Un aggiornamento l'anno, non necessariamente di pari passo con la revisione potrebbe essere una buona soluzione, economica e veloce, anche per gli utenti che dovranno esclusivamente aggiungere ai 5 volumi che costituiscono il testo base, un volumetto l'anno che aggiorni i contenuti e apporti supporto per le nuove funzionalità.

Con la 2.78, Blender fa passi avanti nelle funzionalità necessarie per il fotorealismo, per le simulazioni e per l'animazione in 2D. E non solo!

Buona lettura e come sempre, buon lavoro a tutti con Blender!

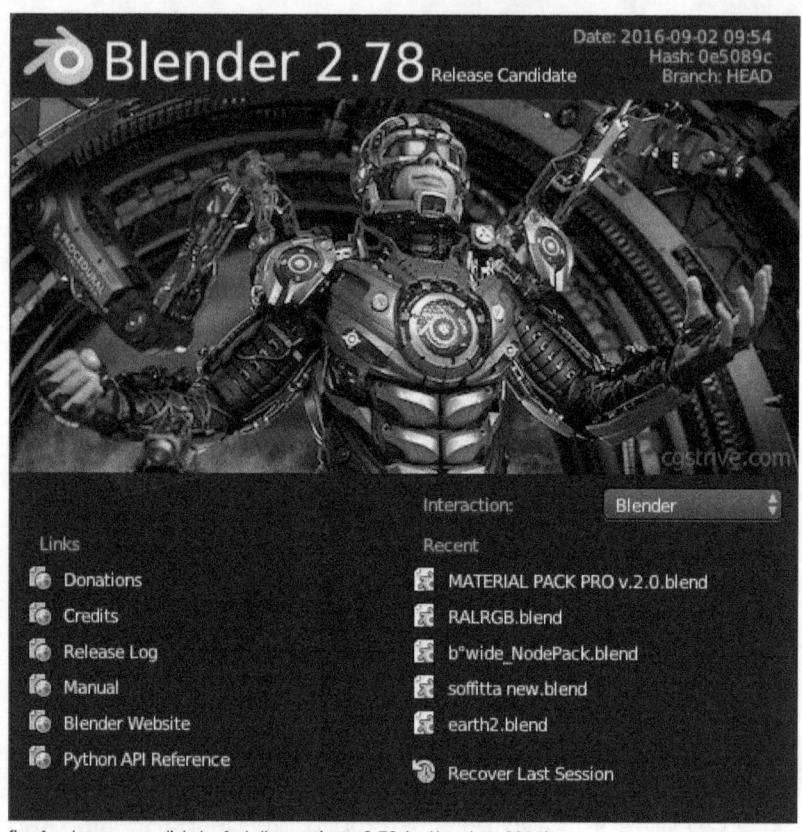

fig. 1 *release candidate 1* della versione 2.78 (settembre 2016)

1.2. Come sono strutturati gli aggiornamenti

Tutti i volumi, da qui in avanti saranno strutturati per macrosistemi. Andremo cioè ad analizzare le nuove funzionalità per settori, secondo questo schema predefinito:

- **Interfaccia e Modellazione 3D** (in cui sottolineeremo le differenze grafiche, sempre che presenti, l'aggiunta e la modifica di nuovi pannelli e nuove voci, rispetto alla versione immediatamente precedente, nonché le nuove funzionalità inerenti la modellazione degli oggetti, le modifiche, le correzioni e le versioni sperimentali);
- **Rendering e nodi** (in cui tratteremo delle novità riguardo principalmente il motore di *rendering Cycles*, eventuali nuove funzionalità supportate, sviluppi sul *Freestyle rendering* e sul *Blender Internal*, la compatibilità delle schede grafiche);
- **Grease Pencil** (in cui analizzeremo la crescita e lo sviluppo di questo interessantissimo sistema di disegno a mano libera);
- **Physics** (in cui analizzeremo lo sviluppo di tutto ciò che concerne la fisica, le simulazioni e il sistema particellare);
- **Animazione** (in cui tratteremo di qualsiasi novità sull'animazione in generale, sia essa oggetto di funzioni degli *editor*, o del *rigging*);
- **Game Engine** (in cui vedremo come si sarà evoluto il motore interno di gioco);
- **Addons** (in cui faremo una carrellata sui nuovi *addons* annessi alla versione o quelli di un certo rilievo proposti da sviluppatori esterni).

Appare evidente che non tutte le sezioni saranno necessariamente presenti in ogni aggiornamento.

Andiamo quindi a esaminare le novità generali e quelle relative all'interfaccia utente, ai menu e alle tecniche di modellazione.

6

2
INTERFACCIA E MODELLAZIONE

2.1. Freehand Curve Drawing (Draw Curve)

Particolari modifiche all'interfaccia grafica non ce ne sono, se non l'aggiunta di alcuni pannelli che richiamano le relative funzionalità.

Una di queste funzionalità, è inserita nella *3D view*, all'interno del *tab Create*.

Disegnare a mano libera una curva non è mai stato più semplice.

Una volta inserita una curva di *Bézier*, con questa selezionata, si entri in *Edit Mode* con e si cancellino i vertici della curva.

Nel tab *Create* della *Tools Shelf* della *3D view*, che si adatterà immediatamente alla modalità *Edit*, è disponibile il pulsante *Draw Curve*.

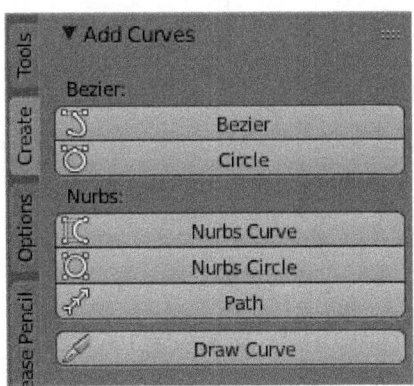

fig. 2 Draw Curve in Edit Mode

Cliccando su esso il puntatore del mouse prenderà l'aspetto di un pennello e sarà possibile disegnare a mano libera tenendo premuto LMB all'interno della *3D view*.

Una volta lasciato LMB, il tratto a mano libera, verrà immediatamente convertito in una curva di *Bézier*, sulla quale è possibile agire sui vertici, sulle maniglie e sulle normali.

9

fig. 3 disegnare una curva a mano libera

Naturalmente, qualora la curva originale fosse già impostata come curva 3D, dal *tab* Data della finestre Properties, la curva potrà essere disegnata direttamente volumetrica.

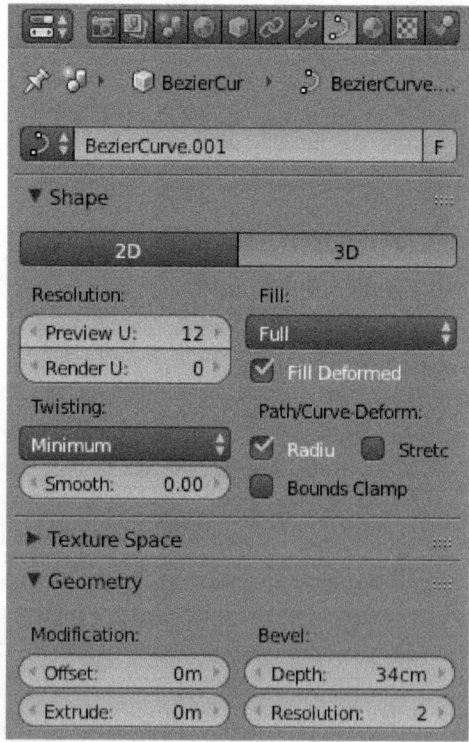
fig. 4 impostazioni della curva 3D nel pannello *tab* della finestra *Properties*

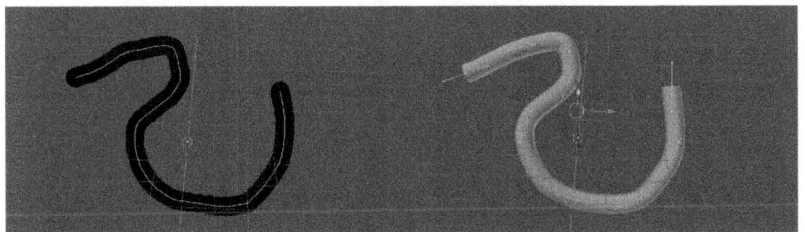

fig. 5 disegnare una curva 3D a mano libera

Le funzionalità non finiscono tuttavia qui.

Un po' come per il *Grease Pencil*, disegnare a mano libera una curva è possibile anche direttamente sulla superficie di una *mesh*.

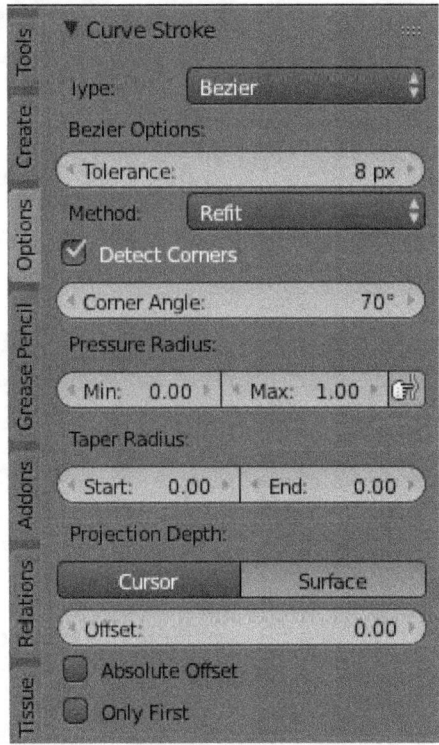

fig. 6 il pannello *Bézier Options* nel *tab Options* della *Tools Shelf*

È presente un nuovo *tab* nella *Tools Shelf*, detto *Options*, in cui, nell'unico pannello presente, Bézier Options, si può scegliere se disegnare nello spazio o sulla superficie, semplicemente dallo switch Cursor/Surface.

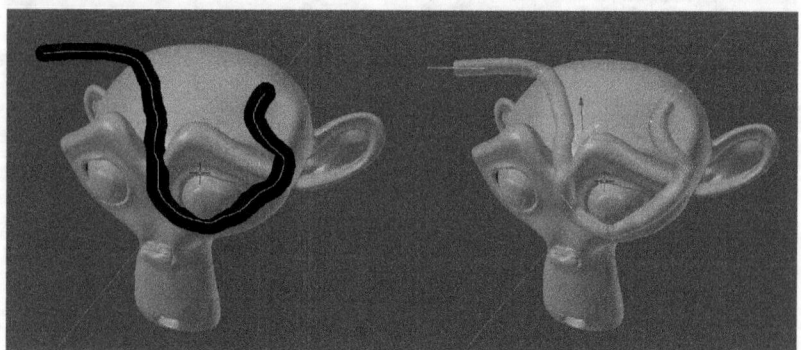

fig. 7 disegnare una curva direttamente sulla superficie delle mesh

Questa funzione è assai utile per riprodurre rampicanti, vene sporgenti sulla superficie della pelle, etc.

Vediamo quali sono i parametri disponibili nel pannello *Bézier Options*.

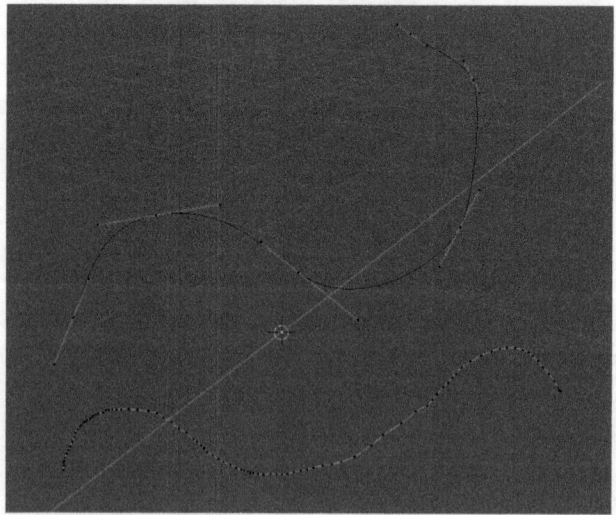

fig. 8 curva di *Bézier* (sopra) e polilinea (sotto)

- *Type* permette di scegliere il tipo di curva tra *Bézier* e *Poly* (polilinea, formata da un susseguirsi di vertici, molto prossimi tra loro, interpolati matematicamente). La seconda opzione attiva funzioni differenti che analizzeremo subito dopo.
- *Bézier Options Tolerance* è un contatore che definisce, in *pixel*, la precisione e l'arrotondamento della curva;
- il menu a tendina *Method* consente di scegliere il metodo di interpolazione tra i punti tra *Split* (più rapido) e *Refit* (più preciso ma più lento);
- la spunta *Detect Corners* determina quando in corrispondenza di un vertice di una curva debba essere considerata una cuspide, secondo l'angolo specificato nel contatore sottostante *Corner Angle* (di *default* settato a 70°), con conseguente disallineamento delle maniglie (*handles*);
- i valori *Min* e *Max* della sezione *Pressure Radius* si riferiscono alla forza impressa sulle tavolette grafiche per disegnare, attivate dal pulsante sulla destra;
- i valori *Start* e *End* della sezione *Taper radius* definiscono l'effetto conico di inizio e fine curva;
- lo *switch Projection Depth* (*Cursor/Surface*) definisce se la curva verrà disegnata nello spazio 3D o direttamente sulla superficie di una *mesh*;
- *Offset* definisce la distanza della curva dalla superficie della *mesh*;
- la spunta *Absolute Offset* forza la distanza dalla superficie come fissa;
- la spunta *Only First* definisce come distanza di riferimento dalla superficie quella del primo vertice della curva.

Se impostata la curva come *Poly* i primi 4 parametri non sono disponibili.

Ricordiamo che nel pannello *Active Spline* del *tab Data* della finestra *Properties*, riferita alle curve, la spunta *U* rende chiusa una curva creando una superficie.

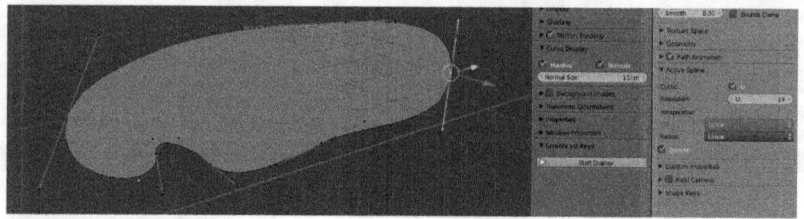

fig. 9 una superficie generata da una curva con la spunta *U*

2.2. Menu

2.2.1. Menu Apply

Il menu che si attiva nella *3D view*, digitando CTRL + A, che consente di applicare definitivamente le modifiche su rotazione, posizione e scalatura sugli oggetti viene implementato con nuove opzioni.

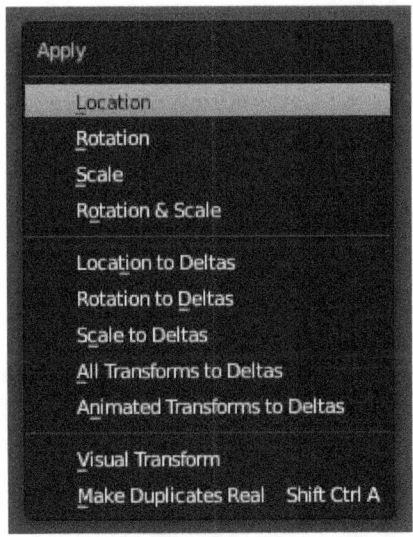

fig. 10 il menu *Apply*

- *Location – Rotation – Scale to Deltas* applica i tre trasformatori rispetto ai valori *Delta*, se presenti, nel pannello *delta Transform* del *tab Object* della finestra *Properties*.

15

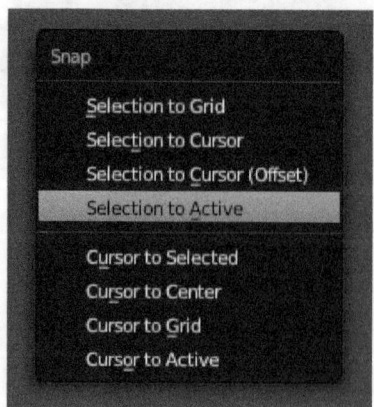

fig. 11 il pannello *Delta Transform*

- *All Transforms to Deltas* converte i trasformatori sull'oggetto in *Delta Transforms*;
- *Animated Transforms to Deltas* converte i trasformatori animati in *Delta Transforms*;
- *Visual Transform* converte in *delta Transform* le trasformazioni sulla vista dell'oggetto;
- *Make Duplicates Real* (SHIFT + CTRL + A) rende oggetti effettivi i *dupli* relativi agli oggetti selezionati.

2.2.2. Menu Snap

Nel menu *Snap* è stata aggiunta una voce *Snap to Active Object* che consente, in una selezione multipla, di posizionare l'origine di massa in corrispondenza dell'origine dell'oggetto attivo (contornato in arancio chiaro).

fig. 12 il menu *Snap*

16

2.3. Bevel in Edit Mode

Un notevole e utilissimo miglioramento è stato finalmente apportato anche sul *Bevel* in *Edit Mode* (CTRL + B).

La difficoltà iniziale di creare molteplici suddivisioni (se non per ripetizioni della funzione) o variare il profilo della smussatura viene finalmente risolta grazie all'implementazione della funzionalità del mouse unita alla pressione di tasti.

Nello specifico, dopo aver applicato il *Bevel* agli elementi selezionati della *mesh*, è necessario definire la dimensione della smussatura semplicemente muovendo il mouse (allontanandosi dall'area interessata).

Oltre a questa modalità già presente, è possibile ora:
- definire il numero delle suddivisioni (e quindi la smussatura) digitando S e spostando il mouse (oppure ruotando con RW);
- definire la forma (*shape*) della smussatura digitando P e spostando il mouse.

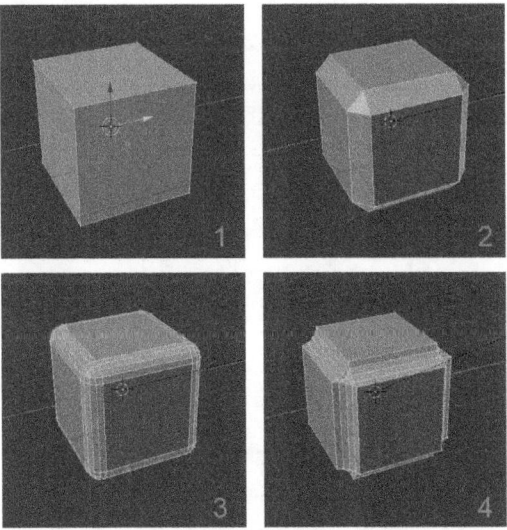

fig. 13 fasi del *Bevel* in *Edit Mode*: 1 selezione degli elementi; 2: *Bevel* (CTRL + B); 3 – definizione dei segmenti (S); 4: definizione della forma (P)

17

2.4. Il pannello Units

Cambia aspetto ma non contenuti il pannello *Units* del *tab Scene* della finestra *Properties*, in cui le opzioni *Length* (*Metric, Imperial e None*) e *Angle* (*Degrees e Radius*) vengono raggruppati in menu a tendino invece dei vecchi *switch*.

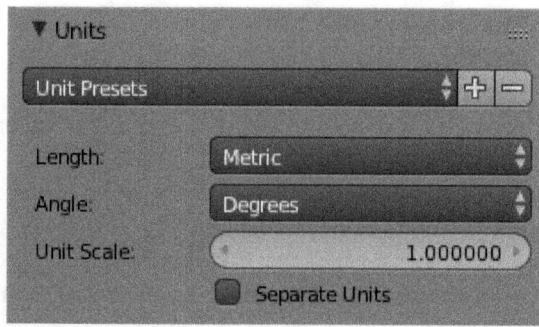

fig. 14 pannello *Units*

2.5. Displacement e versione sperimentale

La versione sperimentale di Blender è sempre esistita e a volte utilizzata, specie durante i test delle funzionalità sulle simulazioni in GPU.

Trattare in toto la versione sperimentale, detta **Experimental Feature Set**, ovvero l'insieme delle funzionalità sperimentali, sarebbe come pretendere di analizzare tutti gli *Addons* di Blender, inclusi quelli di terze parti.

Queste funzionalità si attivano dal menu *Feature Set* presente nel pannello *Render* dell'omonimo *tab* nella finestra *Properties*. Il simbolo con il punto esclamativo sta a sottolineare che le funzionalità e gli strumenti che si attivano sono in fase di sviluppo e non garantiti.

Sono frequenti infatti *crash* del sistema. Si raccomandano, infatti, frequenti salvataggi.

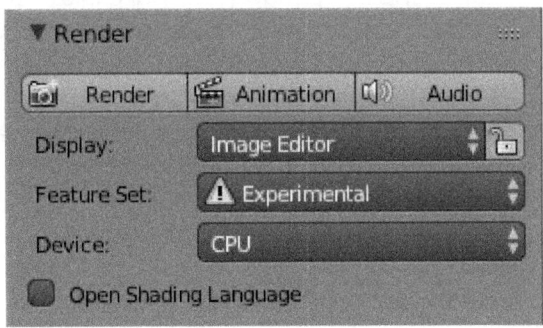

fig. 15 *Experimental Feature Set*

Tuttavia, una funzionalità molto interessante e di sicuro sviluppo nei prossimi mesi, che verrà quasi sicuramente implementata nelle funzioni base, riguarda il **Displacement**.

Come sappiamo per *Displacement* si intende il rilievo che, solitamente, è risultante da una speciale *texture* (sia essa un file grafico o una *texture* procedurale) in scala di grigi associata a una *mesh*.

19

Sappiamo che per tonalità tendenti al bianco la quota del rilievo corrispondente sarà sopraelevata rispetto a quella coincidente con tonalità tendenti al grigio scuro o al nero, che risulterà una depressione.

Si pensi ai mattoni, per i quali in corrispondenza delle fughe in cemento, si avranno zone scure della texture_DISP.

Sappiamo infine che possiamo ottenere in differenti modi il rilievo su una superficie.

Innanzi tutto dobbiamo distinguere due principali tipologie di rilievo:

- l'effetto, che simula differenti quote solo dal punto di vista dello shading (ombreggiatura), ma che mantiene la superficie originali intatta, spesso piana e liscia;
- il rilievo effettivo, che determina la differenza di quota dei vertici in modo reale, grazie a una sufficientemente fitta suddivisione della mesh.

Il primo caso si ottiene a sua volta in tre modi:

a) grazie a una Bump Map (in toni di grigio, per la quale le aree più scure genereranno l'effetto di una depressione, mentre quelle più chiare l'effetto di un rilievo;

b) con una Normal Map, calcolata con algoritmi matematici da speciali software (che si presenta in toni di viola e rosa), che agisce sul vettore in ogni punto e determina l'effetto;

c) utilizzando il socket Displacement del nodo Material Output.

Tutti e tre i metodi sono effettuati grazie ai nodi: la texture Bump o Normal Map viene connessa rispettivamente al socket Height del nodo Vector Bump e al socket Color del nodo Vector Normal Map, le cui uscite vengono connesse, a loro volta, a tutti i socket Normal in ingresso degli shader. Nel terzo caso la texture si inserisce direttamente nel socket Displacement del Material Output eventualmente regolata da un Math Multiply.

Nel secondo caso, come sappiamo, il rilievo è reale e si ottiene suddividendo adeguatamente la mesh in modo da ottenere una fitta geometria e quanti più possibile punti di controllo (a dispendio di energie del sistema), ma consentendo al modificatore Displacement di regolare il rilievo a mezzo di una *texture_DISP* in toni di grigio che determini punto per punto la quota. Tale *texture* viene caricata nel *tab Texture* della finestra *Properties*.

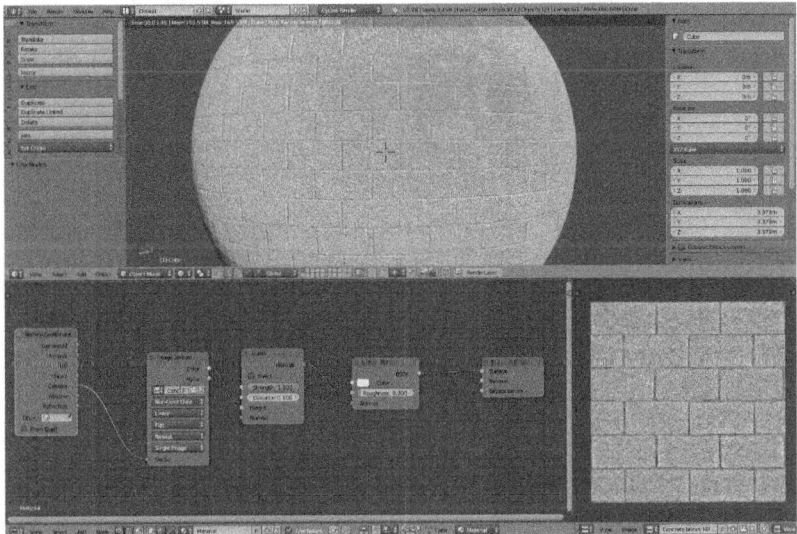

fig. 16 effetto del *Bump*

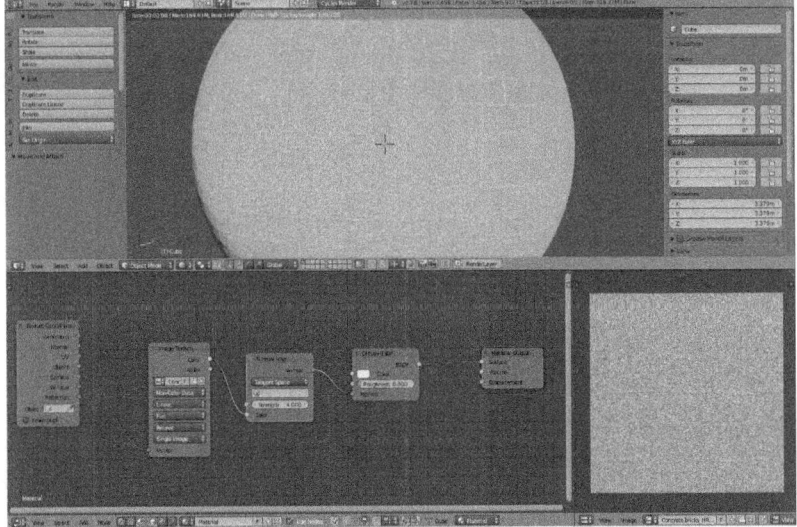

fig. 17 effetto della *Normal Map*

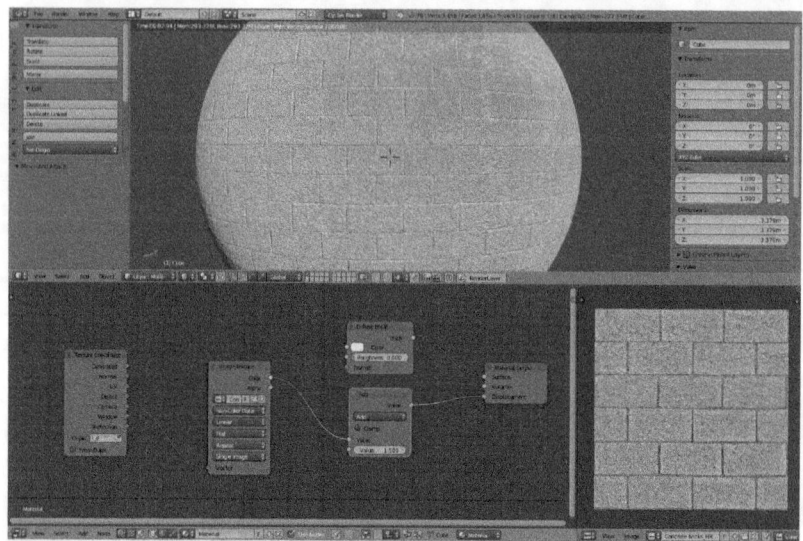

fig. 18 effetto di rilievo utilizzando il *socket Displacement* del nodo *Material Output*

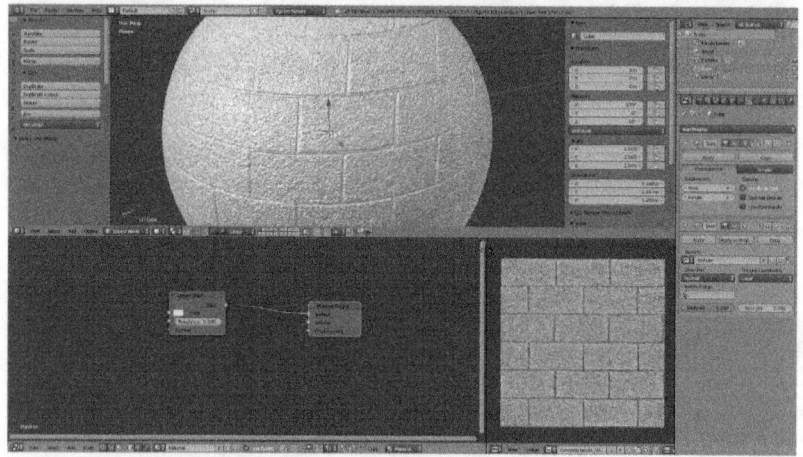

fig. 19 rilievo reale con suddivisione della *mesh* e uso del modificatore *Displacement*

La *feature Experimental* della versione 2.78 di Blender, consente, con la connessione della *texture BUMP* o *DISP* nel *socket Displacement* del nodo *Material Output* di decidere se si tratta di un effetto (*Bump*), di un rilievo reale (*True*) o entrambi (*Both*).

Ovviamente per garantire il rilievo fisico, anche in questo caso

22

si deve provvedere a moltiplicare la geometria della *mesh*.

La tecnica è ancora in fase di sviluppo e piuttosto instabile e si consigliano frequenti salvataggi del *file* per possibili *crash*.

Con la scelta della *feature* Experimental, vengono attivati alcuni pannelli e funzioni.

Il primo pannello da tenere in considerazione è Geometry che compare all'interno del *tab* Render della finestra *Properties*.

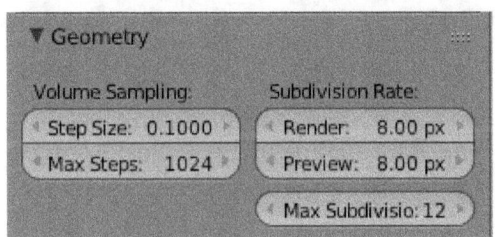

fig. 20 il pannello *Geometry* del *tab* Render

In questa *feature* Blender fa un tentativo di considerare nel *rendering* micro suddivisioni fittizie della *mesh*, il cui dimensionamento viene definito in questo pannello e non solo.

Nello specifico, nella sezione *Volume Sampling*, vengono definiti il numero dei passaggi, o *step* (*Max Steps*) di suddivisione della *mesh* ad ottenere maggiore volumetria, e la dimensione in *pixel* di tali *step* (*Step Size*), per i quali a valori minori si ottiene maggiore precisione e tempi di calcolo superiori.

Nella sezione *Subdivision Rate*, i due contatori Render e Preview determinano in *pixel* la dimensione dei micro poligoni che si creano in fase di *rendering* o in fase di *preview*.

Max Subdivisions regola il numero massimo delle suddivisioni quando si raggiunge il valore inserito, anche se producesse una tassellatura più fine.

Un secondo pannello offre invece delle differenze rispetto alla versione *Supported*: si tratta del pannello *Settings* all'interno del *tab* Material della finestra *Properties*.

Compare la sezione *Displacement* che contiene un menu a tendina a scelta tripla: *Bump*, *True* e *Both*. Questi tre valori definiscono il comportamento del *socket* Displacement del nodo *Material Output*.

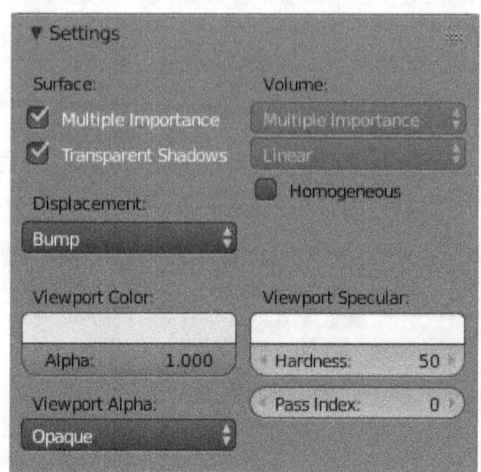
fig. 21 il menu *Displacement*

Se la geometria della *mesh* è sufficientemente suddivisa, l'opzione *True* e *Both* utilizzando la *texture* in *non-color data* relativa al *bump* (in scala di grigi) come fattore di rilievo per la quota dei singoli vertici della *mesh*, esattamente in modo analogo al modificatore *Displacement*.

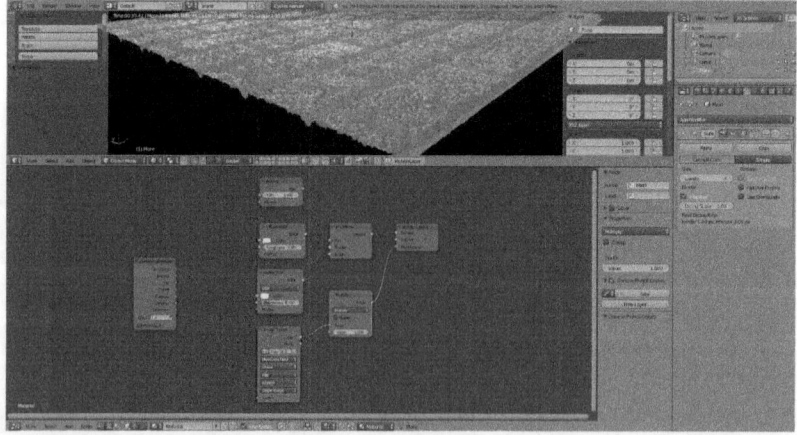
fig. 22 risultato del rilievo fisico impostando *Displacement* come *True*

Per ottenere un maggiore dettaglio della *mesh* è senz'altro conveniente aggiungere il modificatore *Subdivision Surface* che, nella *feature Experimental* è leggermente modificato rispetto alla versione *standard*.

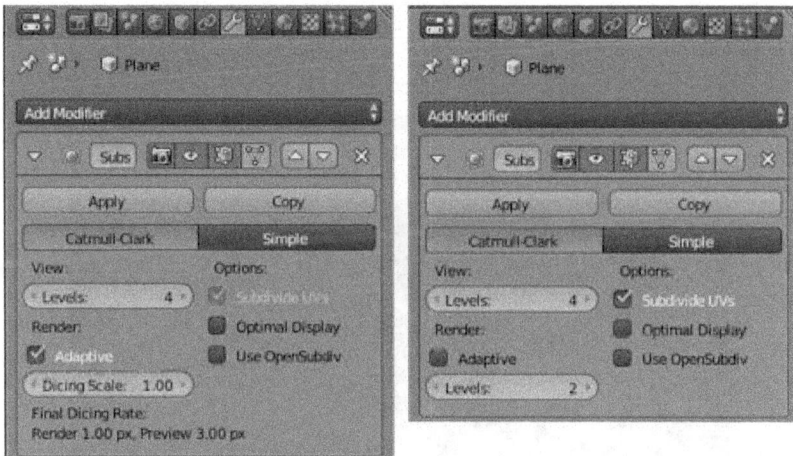

fig. 23 *Subdivision Surface* nella *feature Experimental*: a sinistra con la funzione *Adaptive* attivata e a destra disattivata

In questa variante, il valore delle suddivisioni della *mesh* in fase di *rendering* finale può essere definito in modo tradizionale (*Render*) oppure, spuntando *Adaptive*, attivando la funzione *Dicing Scale*, un parametro che funge da moltiplicatore del parametro *Dicing Rate* del pannello *Geometry*.

Ciò significa che, in funzione della distanza dalla vista corrente, la nuova *Subdivision Surface* considererà in modo completamente automatico il dettaglio di suddivisione (o **microdispacement**) in modo proporzionale, come se il numero delle suddivisioni fosse determinato da un fattore gradiente funzione della distanza.

Questa funzione permette di ottenere un enorme risparmio di memoria (circa l'88% in base ai *test* forniti da *Andrew Price* di *Blenderguru*) e di tempi di calcolo (circa 2,4 volte inferiore rispetto alla *Subdivision Surface* tradizionale, secondo la stessa fonte).

2.6. Texture procedurali e Bump Texture Paint

Un ottimo passo avanti in questa *release* è stata fatta anche relativamente a quanto concerne l'uso delle *texture* procedurali.

In particolare queste, utilizzate come colore (quindi inserite nello *shader Diffuse*) possono essere visualizzate nella *viewport* in stile di visualizzazione *Material*.

fig. 24 *texture* procedurali visibili in vista *Material*

Ma la nuova funzionalità più interessante è quella che consente di utilizzarle anche come *Bump* alcune di queste come *Brick*.

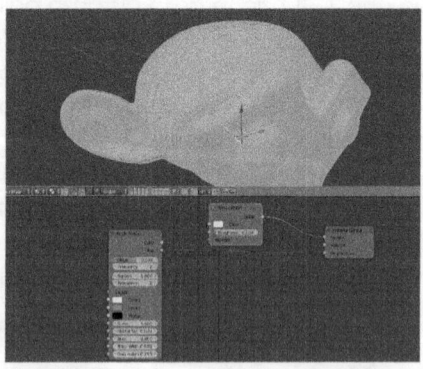

fig. 25 *Texture Brick* usata come *Bump*

Naturalmente è possibile definire la *texture* anche come *displacement* reale.

E non è tutto!
Ora è possibile disegnare una *Bump Map* direttamente sulla *mesh* in modalità *Texture Paint*.

Facciamo un semplice esercizio.

ESERCIZIO N. 1: DISEGNARE IL RILIEVO SU UNA MESH

Inseriamo una sfera adeguatamente con una *Subdivision Surface* a 2 divisioni e lo *Smooth*.

Selezioniamola, un nuovo materiale dal *tab Material* ed entriamo in modalità *Texture Paint*.

Apriamo una nuova *palette* e scegliamo il *brush Texture Draw*, regolando il raggio e la forza.

Nel *Node Editor* colleghiamo il nodo *Image Texture* che si sarà venuto a creare al *Diffuse*, quindi iniziamo a colorare e disegnare direttamente sulla *mesh*.

Com'è noto la *texture* si aggiorna e viene visualizzato il risultato in tempo reale sulla *mesh*.

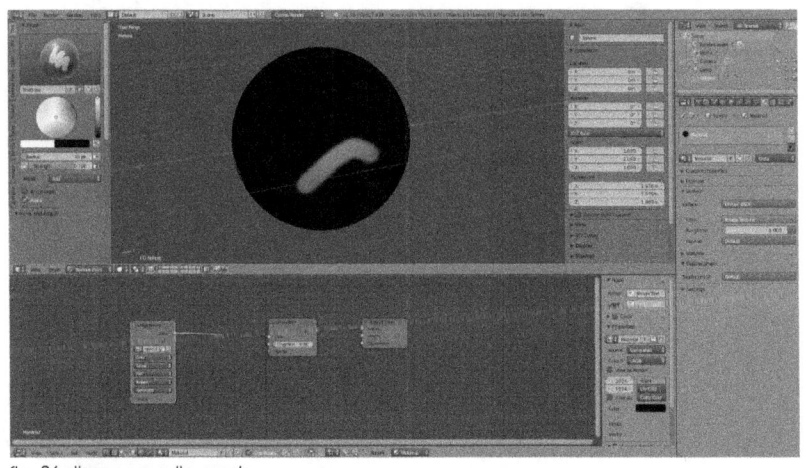

fig. 26 disegnare sulla *mesh*

Se aggiungiamo il nodo *Vector Bump* nel *Node Editor*, la *texture* all'ingresso *Height* di quest'ultimo e l'uscita *Normal* alla *Normal* del *Diffuse*, possiamo colorare in tempo reale il rilievo sulla *texture*.

Utilizzando *Material* come stile di visualizzazione, disegniamo il rilievo in tempo reale apprezzandone subito il risultato.

fig. 27 disegnare il *Bump* in tempo reale sulla *mesh* in stile di visualizzazione *Material* e in modalità *Texture Paint*

28

2.7. 3D viewport Pie Menu

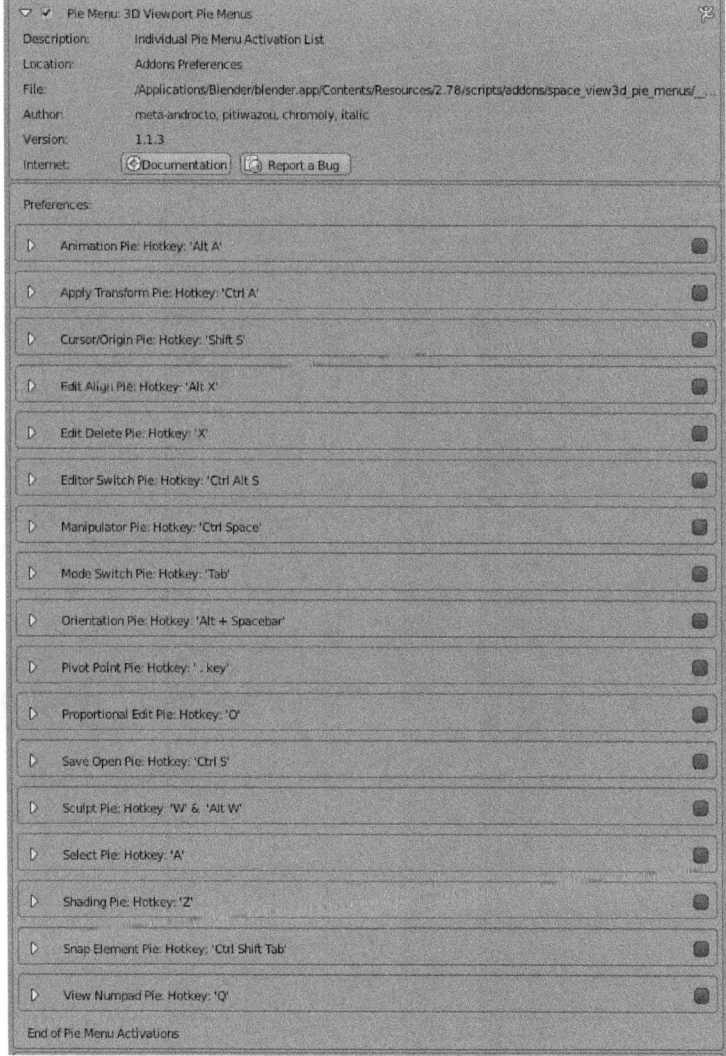

fig. 28 3D Por *Pie Menu* nella *User Preferences*

Nella nuova *release* 2.78 è stato aggiunto un nuovo *Pie Menu* che può essere regolarmente attivato dalla *User Preferences > Addons*, che è detto *3D viewport Pie menu*.

Attivandolo con la spunta e aprendo il menu a tendina cliccando sulla freccetta bianca a sinistra) potranno essere attivati o disattivati la bellezza di 17 *Pie Menu* tematici richiamabili con specifiche *shortcuts*.

Tra questi abbiamo:

2.7.1. Animation Pie

Questo menu si attiva con ALT + A e contiene i comandi relativi all'animazione.

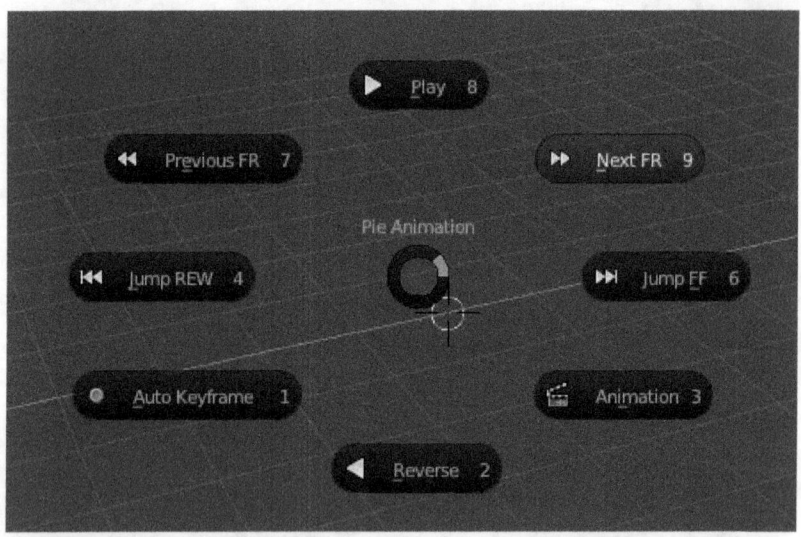

fig. 29 *Animation Pie*

2.7.2. Apply Transform Pie

Con questo menu, richiamabile con CTRL + A si attivano le voci presenti nel menu *Apply*.

30

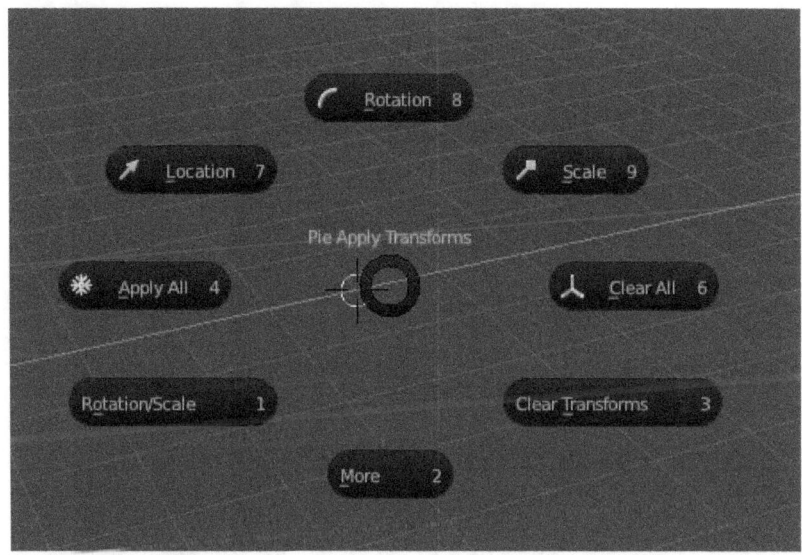

fig. 30 *Apply Transform Pie*

2.7.3. Cursor/Origin Pie

Questo menu, richiamabile con SHIFT + S, contiene i comandi relativi allo *Snap* e alla posizione del *3D Cursor* e dell'*Origine*.

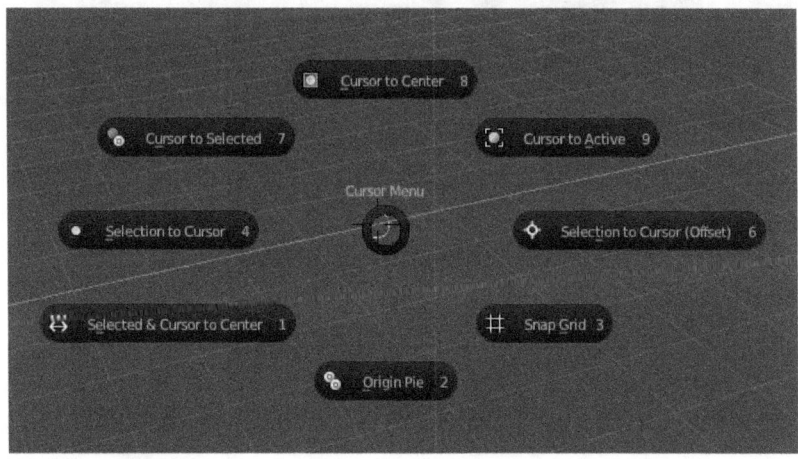

fig. 31 *Cursor/Origin Pie*

2.7.4. Edit Allign Pie

Il menu *Edit Allign Pie* (ALT + X) non è attivo.

2.7.5. Delete Pie

Il menu *Delete Pie* (X) non è attivo.

2.7.6. Editor Switch Pie

Questo menu (CTRL + ALT + S) consente di passare da una finestra all'atra fra i principali *Editor* presenti.

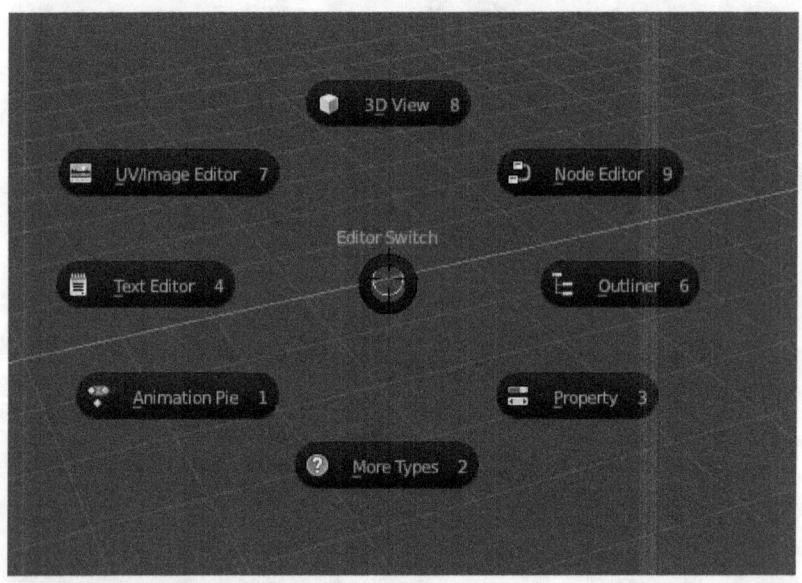

fig. 32 *Editor Switch Pie*

2.7.7. Manipulator Pie

Questo menu (CTRL + SPACEBAR) attiva il campo di testo di ricerca *Spotlight*.

fig. 33 ricerca *Spotlight*

2.7.8. Mode Switch Pie

Non è ancora attivo, ma permette di passare da una modalità all'altra con la sola pressione del tasto TAB. Utile perché allarga le possibilità di saltare da *Object Mode* a *Edit Mode*.

2.7.9. Orientation Pie

Digitando ALT + SPACEBAR, si attiva questo *pie* che consente di accedere a tutte le opzioni di orientamento.

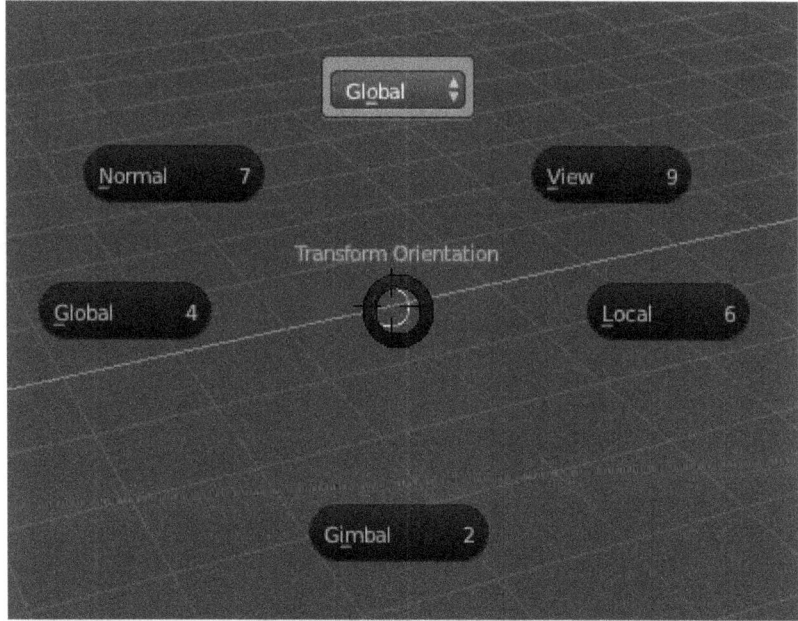

fig. 34 *Orientation Pie*

33

2.7.10. Pivot Point Pie

Consente, alla pressione del . (punto) di accedere alle opzioni di puntamento del *pivot*.

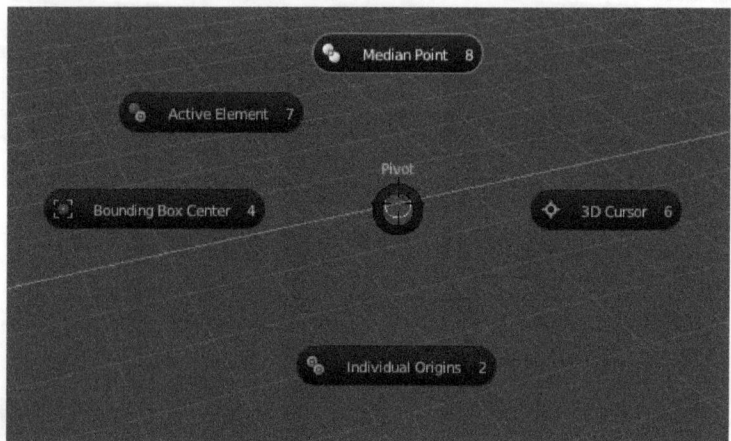

fig. 35 *Pivot Point Pie*

2.7.11. Proportional Edit Pie

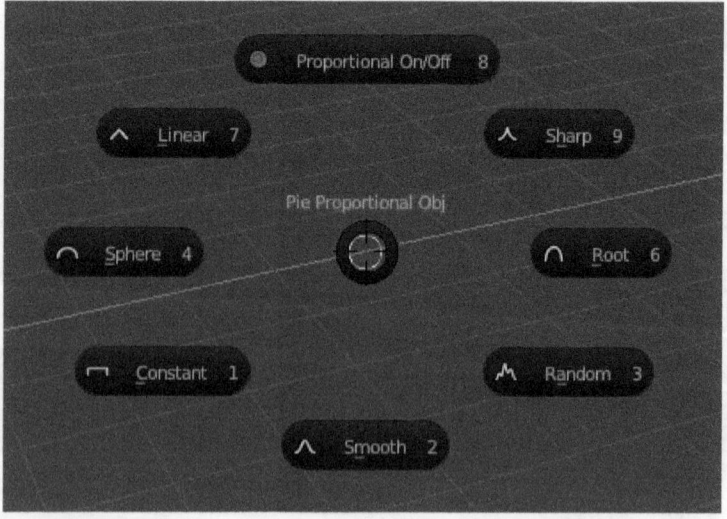

fig. 36 *Proportional Edit Pie*

34

Questo menu permette di attivare il *Proportional Edit* e sceglierne nel modalità, semplicemente digitando il tasto O.

2.7.12. Save/Open Pie

Accede, alla pressione di CTRL + S alle opzioni di salvataggio, apertura e link dei *file*.

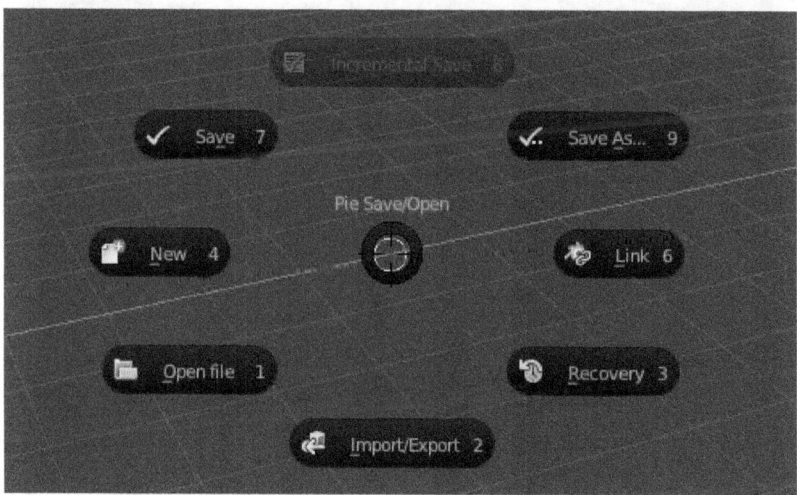

fig. 37 *Save/Open Pie*

2.7.13. Sculpt Pie

Non attivo. Con W e ALT + W accede alle funzioni di *sculpting*.

2.7.14. Select Pie

Digitando A, accede ai principali metodi di selezione degli oggetti e degli elementi.

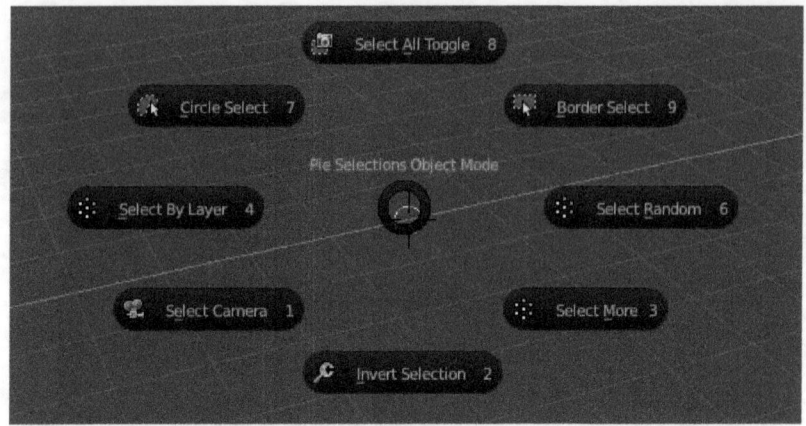

fig. 38 *Select Pie*

2.7.15. Shading Pie

Digitando Z, accede al menu degli stili di visualizzazione.

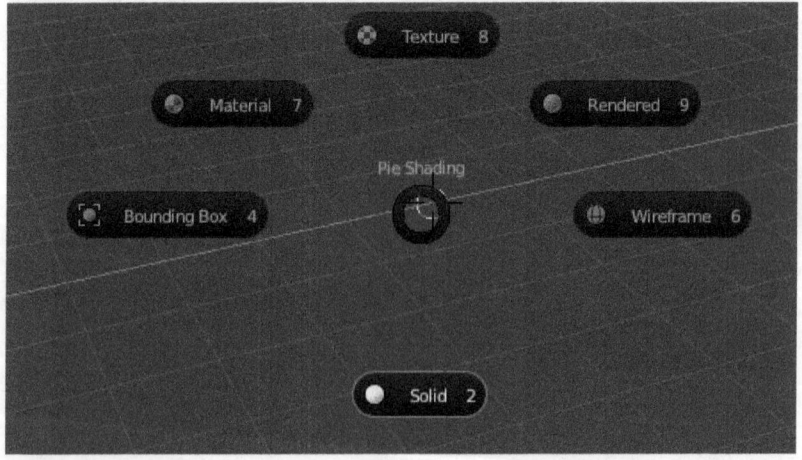

fig. 39 *Shading Pie*

2.7.16. Snap Element Pie

Accede a tutte le funzioni di snap (SHIFT + CTRL + TAB).

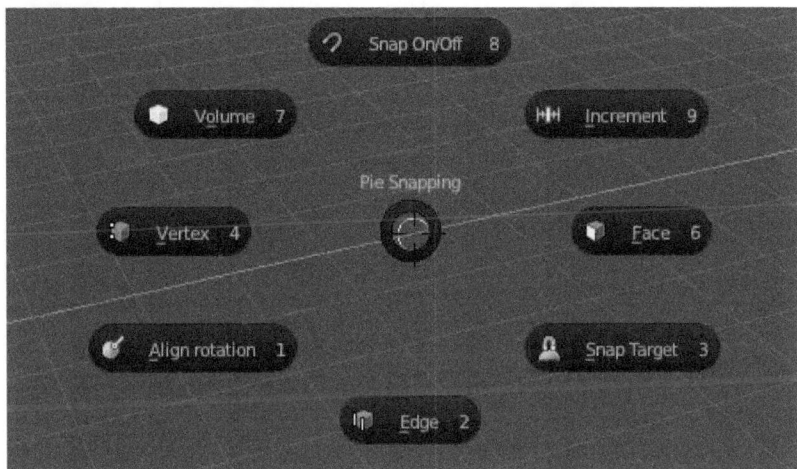

fig. 40 *Snap Element Pie*

2.7.17. View Numpad Pie

Digitando Q, riassume le principali viste predefinite e le impostazioni della camera, richiamabili dai tasti del tastierino numerico.

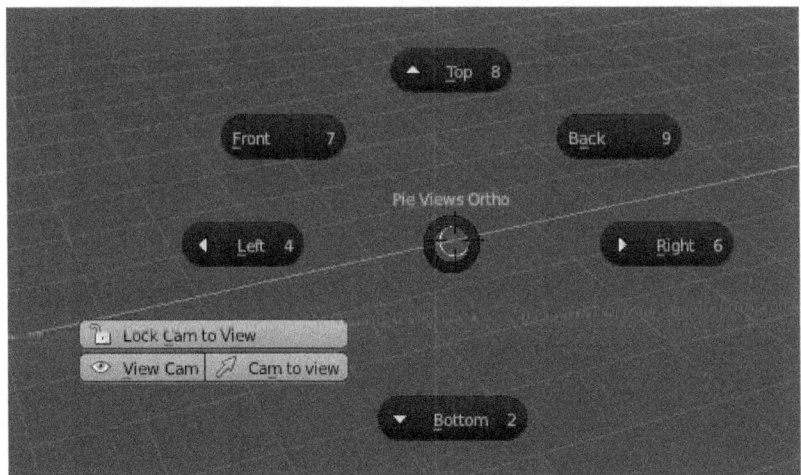

fig. 41 *View Numpad Pie*

37

Riepiloghiamo infine le principali *shortcut* in un interessante *billboard* facilmente reperibile in rete.

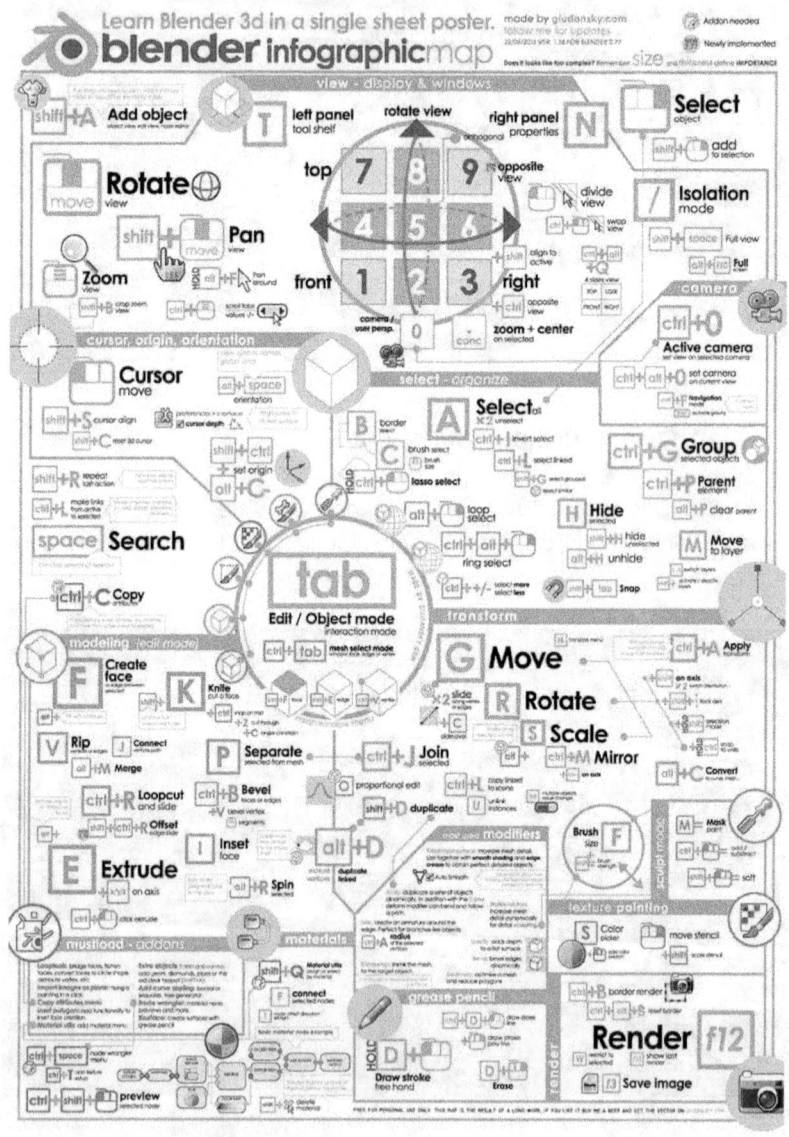

fig. 42 riepilogo grafico delle *shortcut*

3
RENDERING E NODI

3.1. Principali features

Parte dello sviluppo è dedicato a ottimizzazioni e maggiori compatibilità con l'*hardware*. Tale sviluppo avviene di parei passo con quello riguardante terze parti, come nuove tecnologie, il lancio sul mercato di nuove schede video e nuovi processori.

Fra le principali *features* segnaliamo:
- il supporto su *Cycles* per *multicore e* processori fino a ben 64 unità logiche;
- una velocizzazione del tempo di *rendering* in CPU per il sistema particellare *Hair*;
- miglioramenti del calcolo dell'incidenza della luce per oggetti con *Subsurface Scattering*, trasparenze e volumi eterogenei;
- supporto GPU per le nuove schede grafiche *Nvidia GTX 1060, 1070, 1080*;
- miglioramenti delle performance per le schede video *Nvidia GTX 980 Ti e Titan X*;
- supporto delle *HDRI* in *OpenCL*;
- come già visto in precedenza, supporto in *3D view* delle *texture* procedurali in stile di visualizzazione *Material* e del *bump*;
- *Motion Blur* attivo anche per le simulazioni *Fluid*;
- *supporto GPU* per *Smoke*;
- supporto del *crease* in *Subdivision Surface*, sia semplice sia *Catmull-Clarke*;
- *Adaptive Subdivision*;
- *rendering* in formato *Spherical Stereo* per VR (immagini a 360°);
- nuovo metodo *Multiscatter GGX* sul nodo *Glossy* che riduce l'effetto scuro con l'aumentare del fattore *Roughness*.

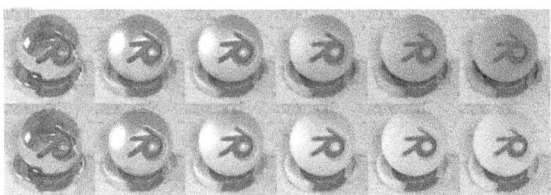

fig. 43 differenze fra *Glossy* GGX (sopra) e Glossy *Multiscatter GGX* (sotto)

41

4
GREASE PENCIL

4.1. Introduzione

La funzione originaria del *Grease Pencil*, com'è noto, era prettamente annotativa.

Era possibile disegnare sullo schermo, scarabocchiare, prendere appunti a mano libera, fare schizzi, disegnare sugli oggetti e anche animare i tratti.

Ma lo strumento non era pensato per gli animatori 2D.

Già nella versione precedente (2.77), le nuove funzionalità apportate al *Grease Pencil* lo hanno reso un potente ed efficace strumento di animazione 2D, capace di modificare e deformare i tratti (*strokes*) grazie a specifici *brush*, di aggiungere livelli (*layer*) e di animare in OpenCL i disegni a più livelli, anche nello spazio insieme eventualmente a oggetti 3D e di agire successivamente in *Compositing*.

fig. 44 fotogramma di un'animazione 2D in più *layer* con il *Grease Pencil* in Blender 2.77

Una delle differenze sostanziali con la versione precedente riguarda proprio i *layer*. In precedenza infatti ogni *layer* corrispondeva

45

a uno *stroke* e ne definiva la forza, lo spessore, l'opacità e il colore.

Nelle implementazioni il *layer* si concepisce invece come un contenitore di più *stroke*, in modo tale che ogni tratto conservi le proprie caratteristiche indipendentemente dal livello di cui fa parte.

Ciò avvantaggia notevolmente la composizione, soprattutto nella gestione della scena. Spegnere o modificare in una sola mossa lo sfondo della scena diviene assai più semplice, così come gestire una tavolozza personalizzata con un gran numero di colori.

Per ogni *stroke*, quindi, indipendentemente dal *layer* in cui si trova, è possibile impostare indipendentemente il colore, e le caratteristiche del *brush*.

4.2. Properties Bar

Nella *Properties Bar* della *3D* view, si attiva, come sempre, il *Grease Pencil*, attivando alla spunta e cliccando sui pulsanti *New* e *New Layer*.

fig. 45 i pannelli *Grease Pencil Layers* e *Grease Pencil Colors* nella *Properties Bar*

4.2.1. Il pannello Grease Pencil Layers

Rispetto alla versione 2.77, il pannello *Grease Pencil Layers* cambia sostanzialmente, soprattutto concettualmente.

Contiene difatti solo le impostazioni del *layer* e perde alcuni strumenti che vanno a far parte del pannello *Grease Pencil Color* (ovvero *stroke*).

La parte superiore rimane inalterata, con il nome del *Grease Pencil* attivo, la metodologia del tratto (Scene o Object) e la lista dei livelli.

- Il cursore *Opacity* controlla, tra 0 e 1 l'opacità dell'intero *layer*, vale a dire di tutti i sotto livelli degli *strokes* in esso presenti;
- la spunta *X-Ray* visualizza ai raggi X tutti gli *stroke* contenuti nel layer indipendentemente se avanti o dietro un altro oggetto o livello;
- la spunta *Show Points* visualizza tutti i vertici degli *stroke*;
- la tavolozza *Tint* rappresenta il tono generale di colore dell'intero livello che si bilancia con le tinte dei singoli *stroke* in esso contenuti grazie al cursore *Factor* (tra 0 e 1). Il valore *Factor* pari a 0 restituisce le tinte originale degli *stroke*, mentre 1 crea un filtro definito da *Tint*;
- *Parent* crea una parentela tra il *layer* e un oggetto definito nel menu a tendina *Object*, ad esempio la camera o un'armatura;
- *Thickness* definisce lo spessore globale di tutti gli *stroke* contenuti in quel livello;
- *Frame* e i parametri *Onion Skinning* rimangono invariati (si veda il capitolo 3 del 5 volume di questa collana.

4.2.2. Il pannello Grease Pencil Colors

In questo pannello è possibile inserire uno o più *stroke* ossia tratti, contenuti all'interno del *layer* selezionato, ma indipendenti tra loro nel colore, il riempimento e l'opacità. I vari colori possono essere considerati dei veri e propri sottolivelli.

I colori possono essere aggiunti e rimossi con i pulsanti + e - alla destra della casella principale del pannello, nonché bloccati, visualizzati o meno nella scena o visualizzato il relativo colore nella scia (*Onion*) durante un'animazione rispettivamente attivando o disattivando i pulsanti a icona rappresentanti il lucchetto, l'occhio e il fantasmino.

Al di fuori della casella vi sono due pulsanti che, relativi al colore selezionato, consentono di attivare (occhio) o disattivare (lucchetto) contemporaneamente i pulsanti di cui sopra.

Il pulsante che rappresenta una freccia e un rettangolino rosso a puntini blocca tutti i colori non utilizzati nella scena, mentre quello rappresentante una tavolozza blocca e contemporaneamente nasconde alla vista tutti i colori non utilizzati nel *layer*.

Stroke e *Fill* e i relativi cursori *Opacity* definiscono il colore del tratto e l'eventuale riempimento (in caso di tratti chiusi o curvi) e il livello di opacità relativo del tratto.

La spunta *Volumetric Stroke* consente di colorare anziché disegnare, grazie a un tratto spesso e coprente, mentre la spunta *High Quality Fill* definisce la qualità del riempimento.

4.3. Tab Grease Pencil nella Tools Shelf in Object Mode

Il *tab Grease Pencil* della *Tools Shelf* della *3D view* contiene tutti gli strumenti, raggruppati in pannelli, destinati al disegno e alla modifica degli *stroke*.

Come sappiamo le funzionalità e gli strumenti per gli *stroke* variano a seconda della modalità selezionata: *Object Mode* o *Edit Strokes*.

4.3.1. Il pannello Grease Pencil

In *Object Mode* si prende in esame il tratto nella sua interezza. Infatti è possibile, come già visto nel volume 5, disegnare, cancellare e specificare la superficie di disegno.

Il tutto avviene nel pannello *Grease Pencil* in cui si aggiunge l'opzione a spunta *Draw on Back* che consente di disegnare un nuovo tratto davanti o dietro quelli esistenti.

4.3.2. Il pannello Drawing Brushes

Il primo dei due nuovi pannelli aggiunti nella 2.78 è *Drawing Brushes* in cui è possibile definire le caratteristiche del *brush*.

Esistono dei *preset (Basic, Pencil, Ink, Ink Noise, Marker, Crayon)* e la possibilità di crearne di personalizzati.

Altri parametri sono:
- *Thickness*, che definisce il numero di *pixel* inseriti attorno a un punto per il massimo della pressione della matita su una tavoletta grafica;
- *Sensibility*, che regola la sensibilità per lo spessore in base alla pressione della matita su una tavoletta;
- *Strength*, che definisce la saturazione del colore;

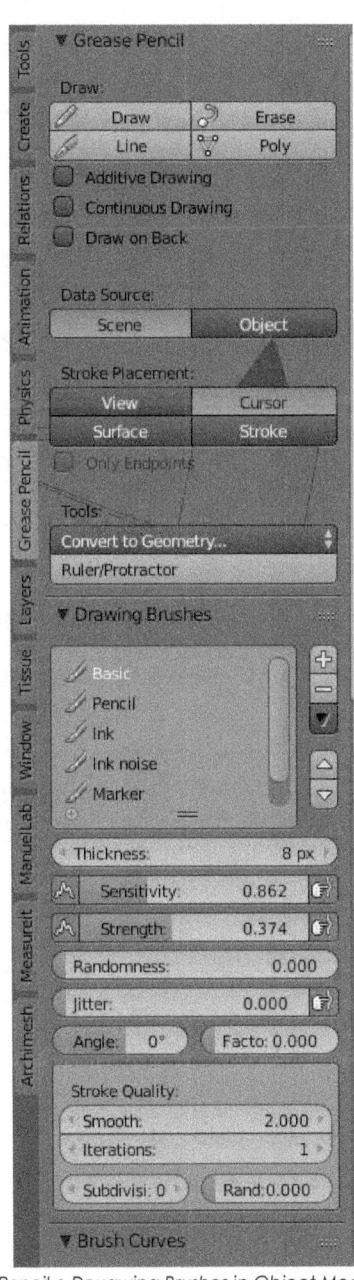

fig. 46 i pannelli *Grease Pencil* e *Drwawing Brushes* in *Object Mode* nella *Tools Shelf*

51

fig. 47 alcuni esempi di brush. Da sinistra verso destra: *basic*, *Ink, Ink Noise, Marker* e *Crayon*

- Randomness e Jitter, che definiscono due metodologie per ottenere un parametro di casualità nel tratto;
- *Angle*, che definisce lo spessore del tratto in funzione dei cambi di direzione;
- *Angle Factor*, che in che modo cambia lo spessore per effetto della variazione di direzione;

Nella sezione *Stroke Quality* si determinano le caratteristiche principali del tratto in termini qualitativi, ovvero l'arrotondamento (*Smooth*, tra 0 e 2), le iterazioni (*Iterations*, vale a dire il numero delle volte per cui *Smooth* viene applicato), le suddivisioni del tratto (*Subdivision*) e un fattore di casualità (*Randomize*).

4.3.3. Il pannello Brush Curves

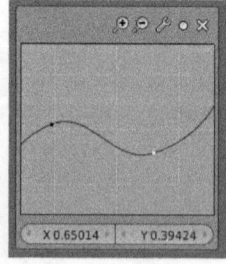

fig. 48 disegnare su una curva il comportamento del *brush*

52

Il secondo pannello, *Brush Curves*, permette di regolare manualmente, a mezzo di una curva, il comportamento dei parametri *Sensitivity*, *Strength* e *Jitter*.

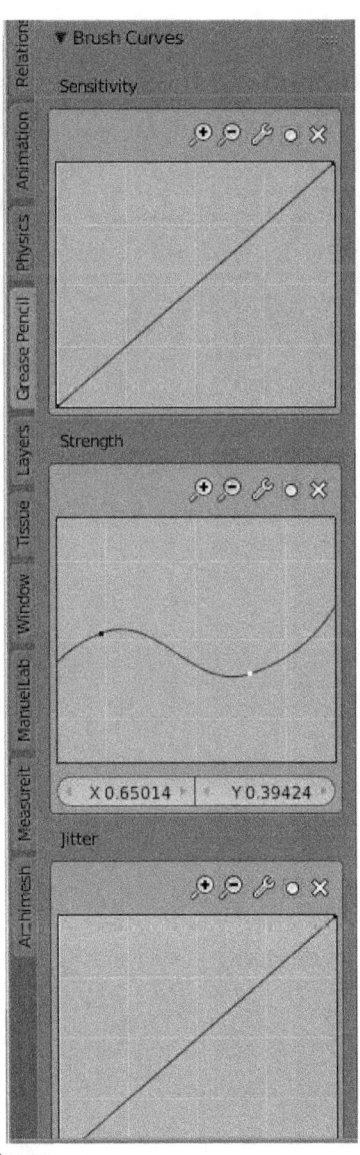

fig. 49 il pannello *Brush Curves*

Una importante correzione è stata inoltre apportata al *Fill* per tratti chiusi o concavi. In questa nuova *release*, sono stati corretti tutti gli errori e gli artefatti di riempimento del colore.

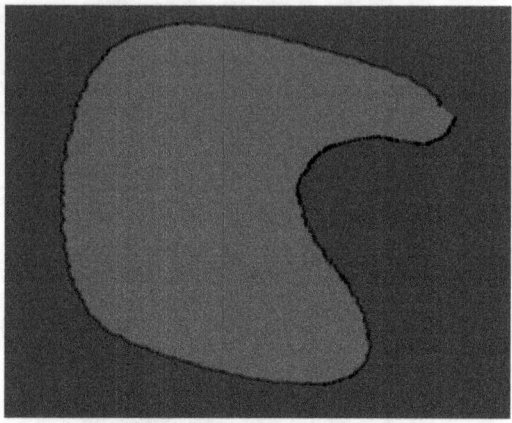

fig. 50 correzione nel riempimento del colore (*Fill*)

4.4. Tab Grease Pencil nella Tools Shelf in Edit Strokes

In modalità *Edit Strokes* si aggiungono due pannelli utili per l'*editing* e la scolpitura dei tratti disegnati.

fig. 51 i pannelli *Edit Strokes* e *Sculp Strokes*

4.4.1. Il pannello Edit Strokes

Questo pannello varia sostanzialmente rispetto alla 2.77.
Nell'ordine troviamo:
- lo *switch Copy*, *Paste*, *Paste & Merge*, utile per copiare e incollare il *Grease Pencil* selezionato;
- i pulsanti *Delete*, *Duplicate* e *Toggle Cyclic*, che, rispettivamente, cancellano, eliminano e duplicano parti della *stroke* e aprono e chiudono la *stroke* selezionata aggiungendo un *edge* fra il primo e l'ultimo punto;
- i pulsanti *Bend*, *Mirror*, *Shear* e *To Sphere*, che, rispettivamente, stirano, specchiano, interrompono e allineano rispetto a un arco sferico, i vertici selezionati del tratto;
- il menu *Arrange Strokes* definisce la posizione dello *stroke*;
- *Move To Color*, che sposta lo *stroke* attivo sul colore selezionato;
- *Join*, *Jopin & Copy* e *Flip Direction*, che, rispettivamente, uniscono, uniscono e duplicano sovrapposti, invertono la direzione degli elementi selezionati;
- la spunta *Show Directions* colora in verde il punto iniziale di uno *stroke* e in rosso quello terminale, definendo la direzione del tratto;
- *Reproject Strokes*, che tenta di correggere eventuali errori di disegno dello *stroke* selezionato.

4.4.2. Il pannello Sculpt Strokes

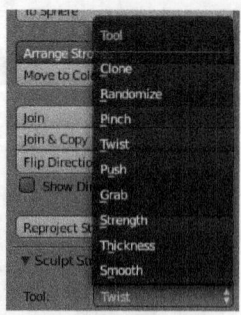

fig. 52 il menu *Tools* del pannello *Sculpt Strokes*

Il secondo pannello contiene gli strumenti utili per la scultura (una sorta di *Sculpt Mode* specifico per il *Grese Pencil*).

Si differenzia poco da quello inserito nella 2.77, se non per il raggruppamento di un menu a tendina dei *Tools*, per la presenza dello *switch CW / CCW* che sottrae o aggiunge l'effetto, e per la presenza del cursore *Alpha* (tra 0 e 1).

4.4.3. Shortcut e Pie Menu

Rimangono inalterati i comandi di scelta rapida per disegnare (D) e per editare (E in *Sculpt Strokes*) in base al *Tool* scelto.

I tasti numerici definiscono il tipo di *brush* (pannello *Drawing Brushes*).

Il **Pie Menu**, richiamabile con la pressione simultanea dei tasti D e W, appare decisamente più completo.

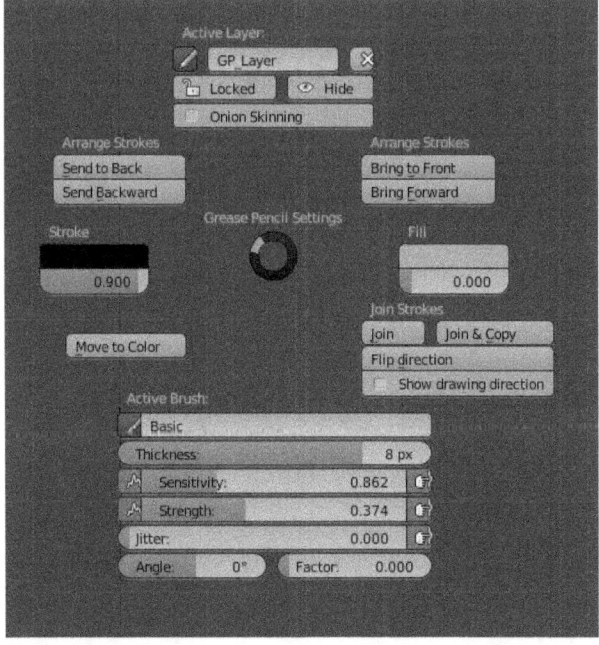

fig. 53 *Pie Menu* per l'editing

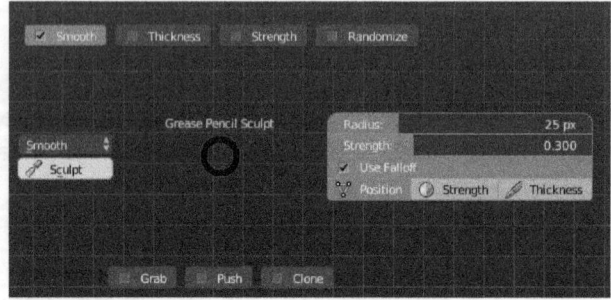

fig. 54 *Pie Menu* per lo *sculpting*

4.5. Rendering e Compositing delle scene realizzate con il Grease Pencil

Per renderizzare una scena o un'animazione disegnate con il *Grease Pencil* è necessario cliccare sui pulsanti *Render OpenGL* e *Render Animation in OpenGL*, presenti nell'*header* della *3D view*.

fig. 55 i pulsanti di *rendering* in *OpenGL*

Per operare successivamente in *Compositing* (**e questo è valido anche per un qualsiasi render**) è necessario salvare in formato **.exr* (*OpenEXR*), scegliendolo tra i formati disponibili nel pannello *Outup* del *tab Render* della finestra *Properties*.

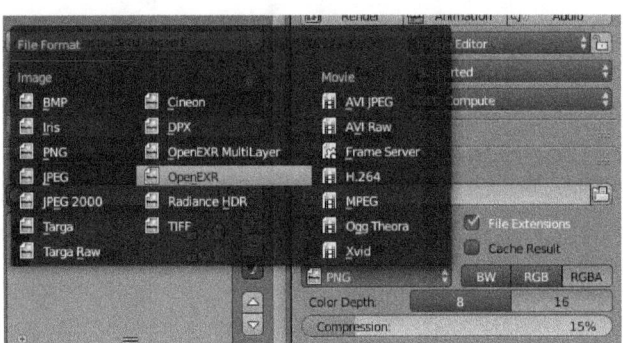

fig. 56 salvataggio in *OpenEXR*

Questo formato consente di mantenere tutte le impostazioni sui *Render Layer* e sui *Passes* del processo di *rendering*, anche dopo che il *file *.blend* sia stato chiuso.

Riaprire il *render* in formato **.exr* permette quindi di mantenere tutte le impostazioni, utili per agire in *Compositing*.
Nella versione 2.78 la post produzione viene regolarmente abilitata.

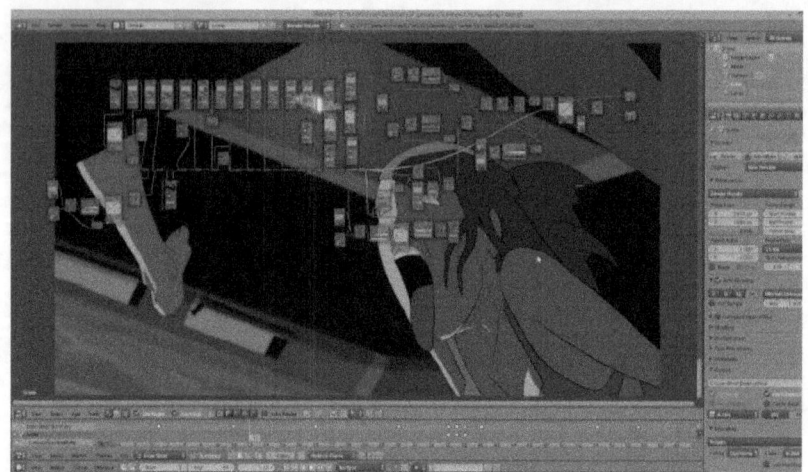

fig. 57 scena realizzata da *Francesco Calvache* post prodotta in ambiente *Compositing*

5
PHYSICS

5.1. Cloth

5.1.1. Dynamic Base Mesh

Una nuova opzione permette di animare le *mesh* a cui è stata applicata la fisica Cloth, utilizzando modificatori posti in cima alla cascata e comunque sopra al modificatore *Cloth*. Questa funzione è particolarmente utile per l'abbigliamento su personaggi di stile del fumetto che necessitano di particolari allungamenti o accorciamenti.

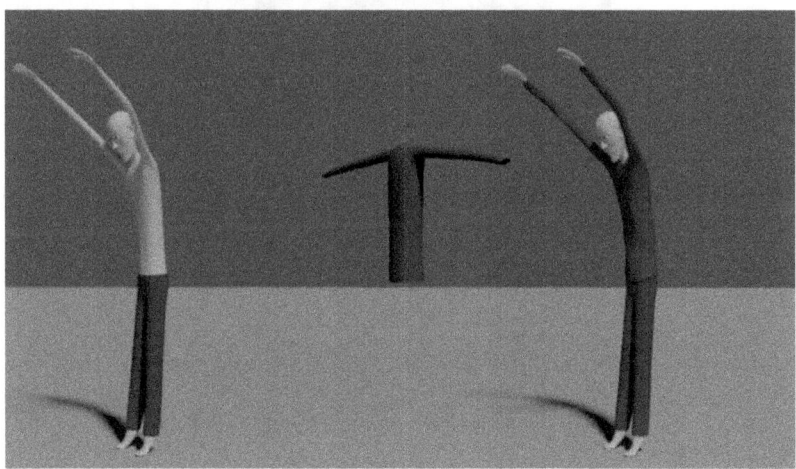

fig. animazione simulata tratta da www.blender.org

Si attiva spuntando *Dynamic Mesh* nel pannello *Cloth* dell'omonimo *tab*.

5.1.2. Silk preset

Viene aggiunto un *preset*, *Silk*, che simula il comportamento della seta.

63

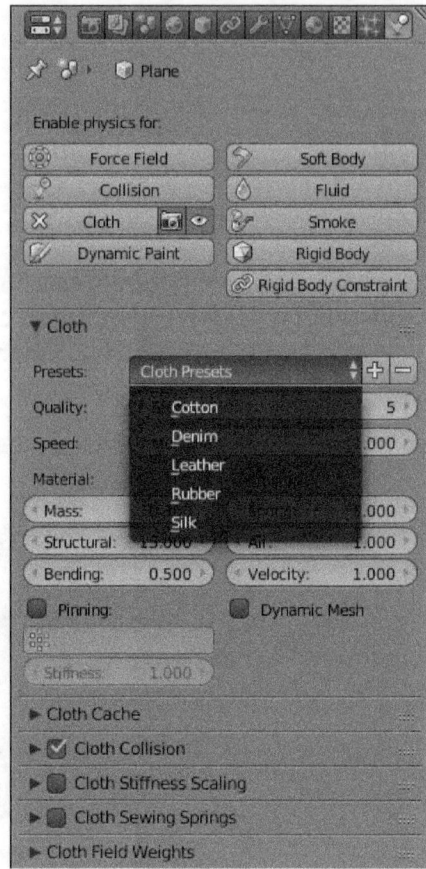

fig. 59 il pannello *Cloth*

5.1.3. Simulation Speed

Con l'aggiunta del contatore *Speed*, è possibile regolare la velocità della simulazione, eventualmente variabile nel tempo, con l'aggiunta di specifici *keyframe*.

5.2. Particles

5.2.1. Collision Group

Analogamente a quanto già supportato per molti altre simulazioni della fisica, è ora possibile specificare l'insieme di oggetti con cui le particelle collidono specificando un gruppo (Group) di oggetti nella voce Collision Group all'interno del pannello Physics del tab Particles.

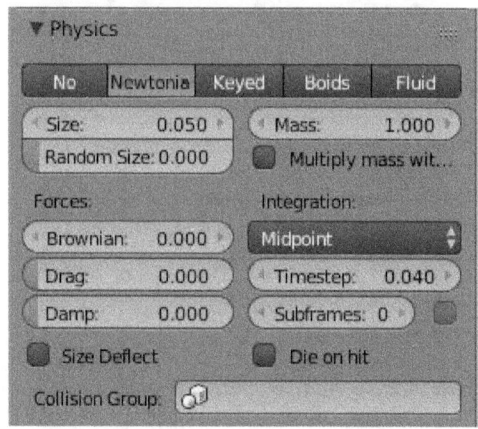

fig. Collision Group nel pannello Physics del Particle System

65

5.3. Soft Body

5.2.3. Collision Group

Come sopra, anche per il *Soft Body* è possibile specificare un gruppo di oggetti che incide nella simulazione.

L'opzione, analoga alla precedente, si trova nel pannello *Soft Body* nell'omonimo *tab*.

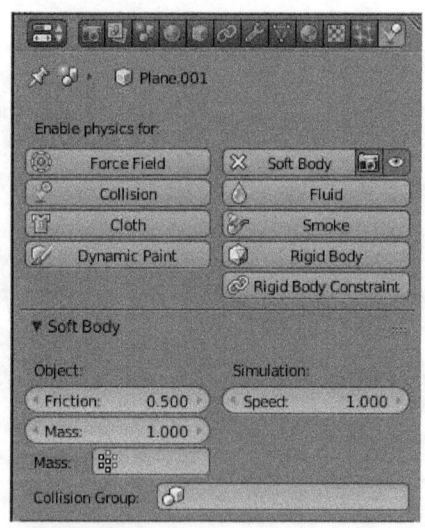

fig. *Collision Group* nel pannello *Soft Body*

5.4. Smoke

La simulazione del fuoco è stata migliorata sensibilmente e **renderizzabile ora anche in GPU**.

Al dominio sono stati effettuati importanti aggiornamenti per migliorare le prestazioni e l'interazione con altri oggetti *Obstacle*.

6
ANIMAZIONE

6.1. Nuove features

In *computer* grafica, per *animazione* siamo soliti intendere tutto ciò che riguarda il movimento, sia esso di oggetti nello spazio, sia concernente la modifica della posizione e la rotazione di elementi di un oggetto. Si pensi al *rigging* che di fatto, nel permettere a parti di una *mesh* di variare la posizione, costruisce le basi per il movimento.

Naturalmente, per estensione, tutto ciò che varia la posizione e la geometria nel tempo può essere considerato animazione, quindi anche le simulazioni, alle quali però, per comodità abbiamo sempre riservato un capitolo a parte.

Vediamo quali novità sono state apportate nella 2.78 in ambito *animazione*.

6.1.1. Nuovi Keyframe

Nell'*header* della *Timeline* compare un nuovo menu a tendina a icona, detto **Type of keyframes to create when inserting keyframes**.

fig. 62 menu *Type of keyframes to create when inserting keyframes*

Con questo menu è possibile specificare il tipo di *keyframe* che verrà inserito, scelto da 5 tipologie differenti (*Keyframe, Breakdown, Moving Hold, Extreme, Jitter*), rappresentati graficamente da altrettanti colori diversi, nell'ordine: giallo, celeste, arancio chiaro, rosa e verde.

71

Come sempre i fotogrammi saranno inseriti in tutte le finestre (o *editor*) che mettono in correlazione gli eventi e il tempo (*Timeline, Dope Sheet, NLA, Graph Editor*).

Nell'ordine inseriscono:
- un fotogramma chiave tradizionale (*Keyframe*, giallo);
- un fotogramma di interruzione evento (*Breakdown*, celeste);
- un fotogramma dinamico che, effetto visibile soprattutto nel *Graph Editor*, mantiene in connessione due fotogrammi, in modo da regolare il movimento tra i due (*Moving Hold*, arancio chiaro);
- un fotogramma che viene definito come estremo nell'ambito dell'animazione (*Extreme*, rosa);
- un fotogramma che crea una sorta di *noise*, di turbolenza nel movimento (*Jitter*, verde).

I vari fotogrammi generano, come sempre, delle *strip*, cioè delle tracce in cui sono contenuti i dati del movimento o dell'evento registrato. Le *strip* assumono un colore analogo, nel *Dope Sheet* rispetto al tipo di *keyframe* a cui si riferiscono.

6.2. Rigging

6.2.1. Bendy Bones

Quanto al *rigging*, sono state apportate alcune implementazioni, molto utili, per gli animatori, ad alleggerire l'armatura, riducendo il numero delle ossa, con conseguente alleggerimento anche del calcolo.

Il nuovo pannello **Bendy Bones**, inserito nel *tab* **Bone** (icona a forma di osso) della finestra *Properties*, quando nella scena è presente un'armatura o un osso, contiene i parametri che definiscono questa implementazione.

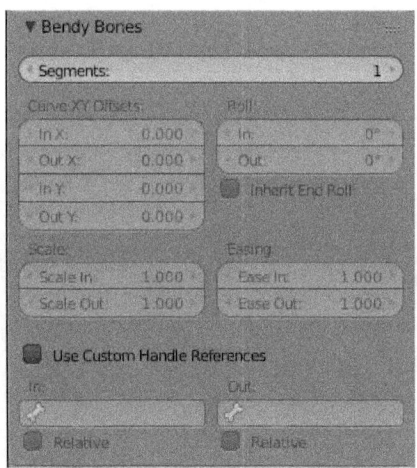

fig. 63 il poannello *Bendy Bones*

Le *B-Bones* possono quindi essere sagomate e piegate in *Edit Mode*, ad esempio per sagomare di conseguenza oggetti curvi, come i peli delle sopracciglia o una coda sinuosa.

Si può far sì che le *B-Bones* utilizzino ossa personalizzate come riferimenti, come maniglie, un po' come per le ossa *children*.

Perché questa opzione sia valida, è necessario che la spunta *Use Custom Handle Reference* sia attiva.

73

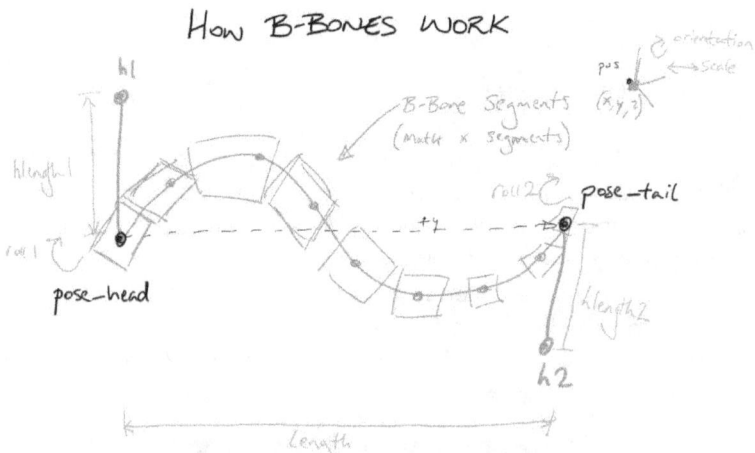

fig. 64 schema di funzionamento delle *B-Bones* tratte dal sito www.code.blender.com

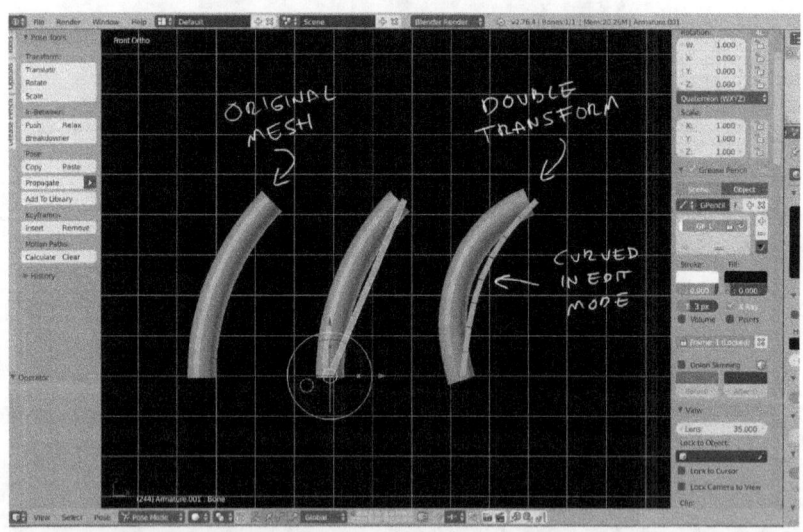

fig. 65 esempi di resa di un *B-Bone*. Da sinistra verso destra: la *mesh* originale; la *mesh* curvata con un osso tradizionale; la *mesh* curvata con un *B-Bone*

Maggiori informazioni sullo sviluppo e sul funzionamento possono essere reperite alla pagina dello sviluppatore https://code.blender.org/2016/05/an-in-depth-look-at-how-b-bones-work-including-details-of-the-new-bendy-bones/

7
ADDONS

7.1. Addons di rilievo presenti nella release 2.78

Come già per i volumi precedenti, proponiamo in questa sede alcuni *addons* di particolare rilievo presenti in questa versione di Blender.

Alcuni di questi, ufficiali, sono stati inseriti e sono regolarmente attivabili nella *User Preferences*.

Altri, provengono da fonti esterne, ma ci fa piacere segnalarli, non per pubblicità, ma per riconosciuto valore.

In questa guida gli *addon* non saranno analizzati nel dettaglio, ma esclusivamente esposti al fine di far valutare al lettore le potenzialità, l'utilità e le caratteristiche.

7.1. Archimesh

Programmata da *Antonioya*, questa versione aggiornata e molto sviluppata ha ben poco a che fare con i primi tentativi di produrre un *addon* capace di produrre parametricamente elementi architettonici.

Oggi *Archimesh* è un potente strumento contenente una discreta libreria di elementi per l'architettura, facilmente inseribili nella scena in modo parametrico, con cui, in pochi passaggi è possibile realizzare ambienti davvero ben fatti.

Il pannello di controllo, attraverso il quale si inseriscono gli oggetti e si applicano i parametri formali e dimensionali, si trovano nel *tab Archimesh* all'interno della *Tools Shelf* della *3D view*.

Una volta inserito un oggetto (tra stanze, muri, colonne, pavimenti, tetti... ma anche libri e altri oggetti di contorno), i pannelli si adattano e si modificano in base all'oggetto inserito, per poter apportare le modifiche.

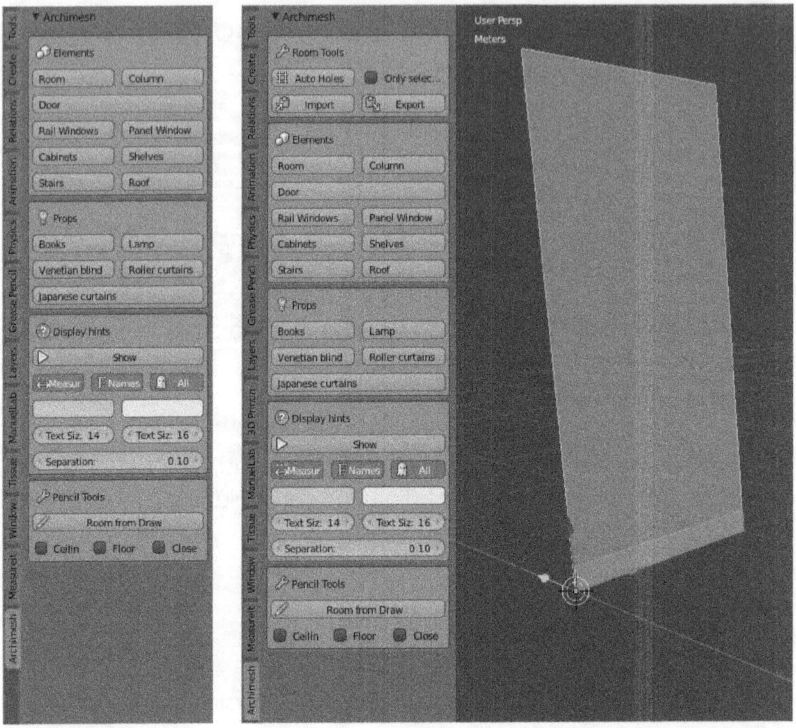

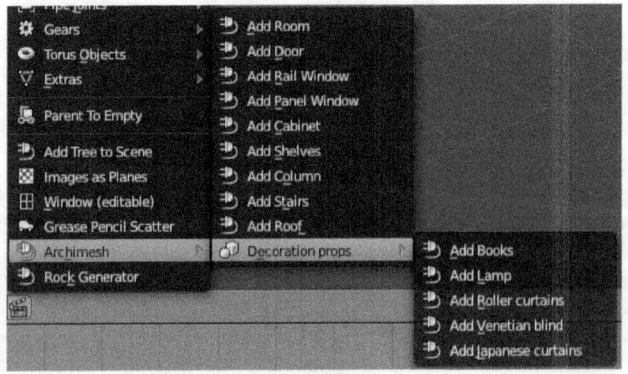

fig. 66 Archimesh

Gli elementi architettonici di *Archimesh* possono inoltre essere inseriti nella *3D view* con SHIFT + A.

fig. 67 inserire gli oggetti nella *3D view*

7.1.2. Measureit

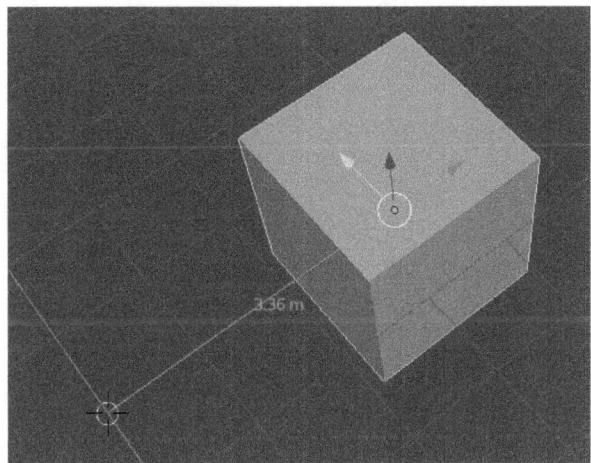

fig. 68 misura della distanza dal cursore del baricentro del cubo

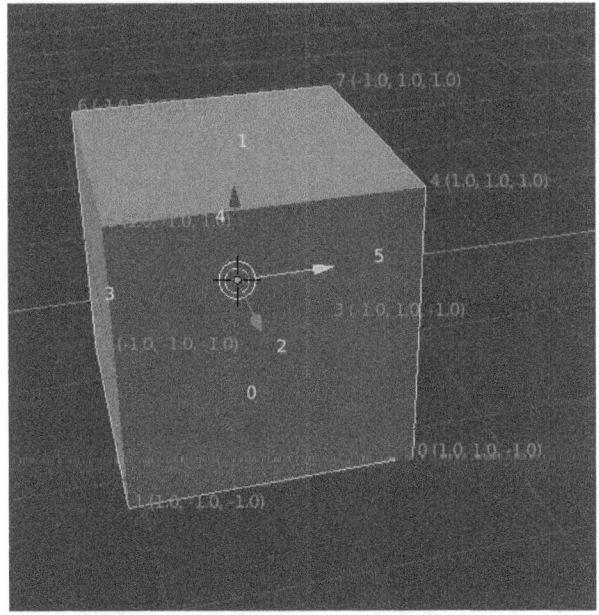

fig. 69 quotazione dell'oggetto

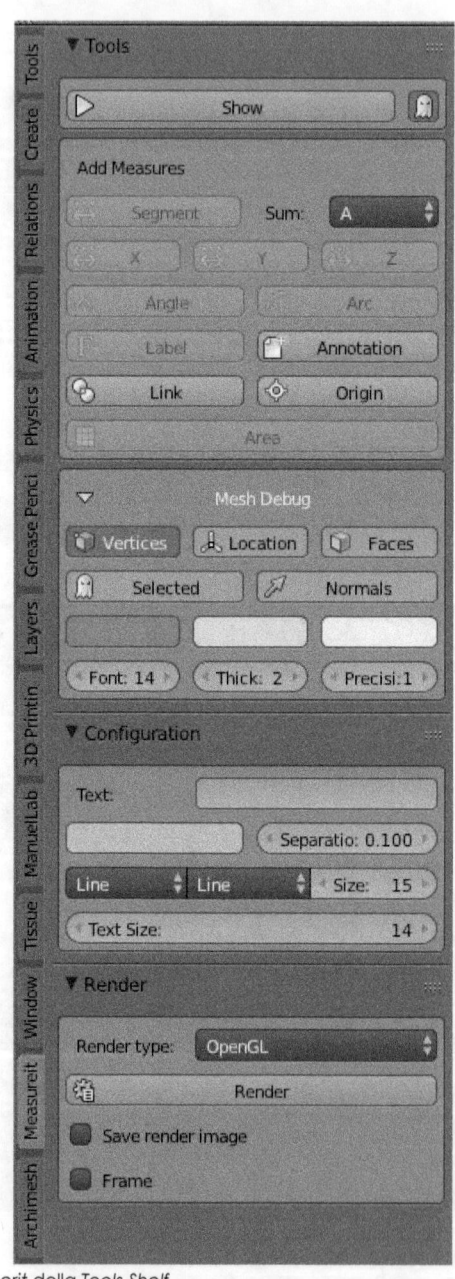

fig. 70 il *tab Meauserit* della *Tools Shelf*

82

Con questo utile *addon* (*anch'esso by Antonioya*), i cui controlli si trovano nell'omonimo *tab* della *Tools Shelf* della *3D view*, è molto utile per visualizzare, e soprattutto renderizzare, le misure e le quote degli oggetti nella scena, locali, ma anche dal centro.

È possibile definire le colorazioni e lo stile della quotatura.

7.1.3. Object Boolean Tools

Questo *tool* è stato sviluppato da *Vitor Balbo* e permette di ottenere in modo rapido, senza l'uso dell'apposito modificatore, le tre operazioni *booleane*.

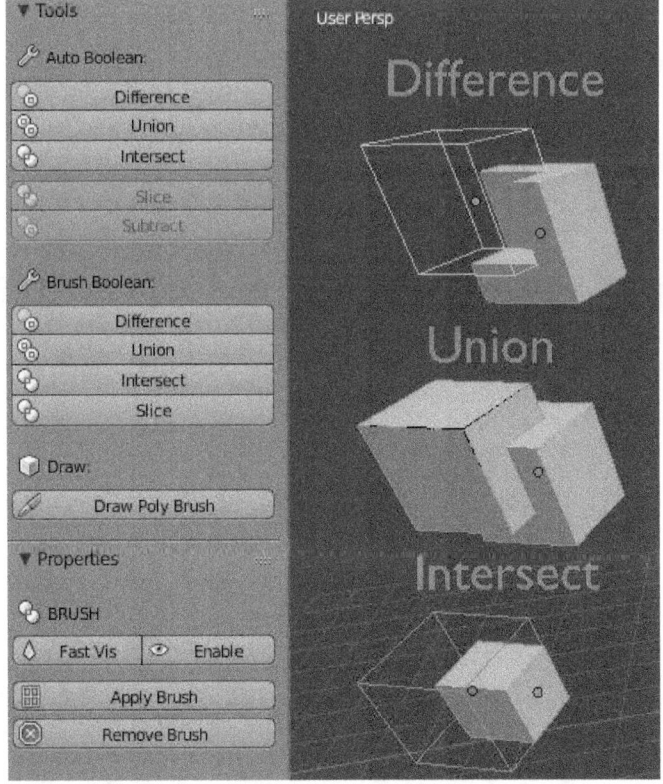

fig. 71 *Object Boolean Tool*

83

7.1.4. Mesh Tiny Cad

Finalmente è possibile utilizzare in Blender alcune tecniche di costruzione tipiche dei programmi *CAD*.

L'*addon* di *Zefii*, (la cui documentazione ufficiale con le istruzioni, è reperibile nel *Blender Wiki*, a questa pagina: https://wiki.blender.org/index.php/Extensions:2.6/Py/Scripts/Modeling/ mesh_tinyCAD) è una combinazione di diversi *script* richiamabili dal menu W.

Alcune tra le funzioni disponibili sono:
- V (estende due segmenti fino ad incontrarsi in un punto)

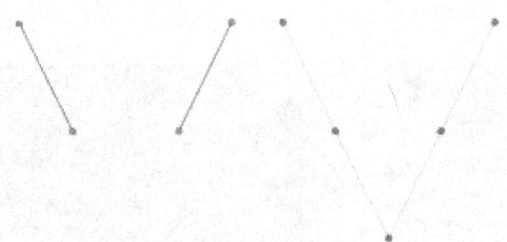

fig. 72 funzione V

- T (estende un segmento fino a incontrare un secondo segmento);

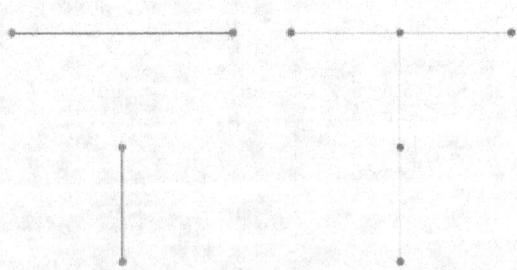

fig. 73 funzione T

- X (interseca due segmenti individuando il vertice di intersezione).

84

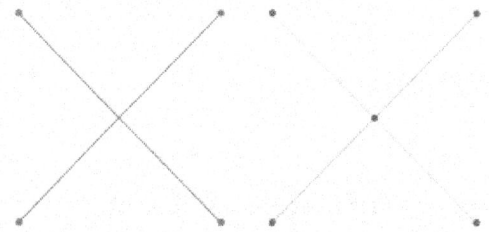

fig. 74 funzione X

7.2. Nuovi Addons e Assets di rilievo di terze parti

La produzione è davvero vastissima e abbiamo fatto una gran fatica a scegliere di non pubblicarne molti di davvero validi.

Nell'ultimo anno la produzione è stata vasta. C'è stato soprattutto un gran da fare in merito alla sfrenata ricerca del materiale perfetto (sul quale parleremo più avanti).

7.2.1. Disney Shader per Cycles e Renderman Engine

Fra i lavori di rilievo, a nostro avviso, spicca quello di *Disney – Pixar*, che, già da un bel po' di tempo, ha cominciato a prendere davvero in seria considerazione Blender, i suoi artisti e le sue potenzialità.

Per questo motivo, a sorpresa, sul sito ufficiale della *Pixar*, si è reso disponibile, gratuitamente per uso non commerciale, il motore di *rendering* proprietario della casa di produzione *Renderman*, generalmente associato a Maya, anche per altri software, tra questi Blender.

fig. 75 *Renderman* per Blender

Il software è scaricabile gratuitamente, previa registrazione, sul sito ufficiale https://renderman.pixar.com/view/renderman4blender nelle versioni per *Windows*, *Mac* e *Linux*.

Una volta scaricato il file *.zip*, il motore di *rendering* può essere caricato dagli *addons* della *User Preferences* e scelto nella lista dei motori disponibili.

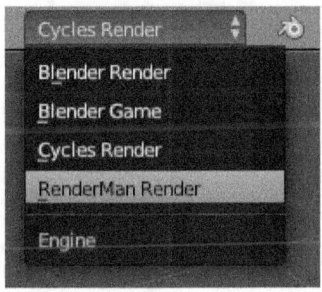

fig. 76 scelta del motore di *rendering Renderman*

Naturalmente variano i pannelli e le impostazioni, ma variano soprattutto i materiali. *Renderman* non è *Cycles*, ma concettualmente non è così differente. Si tratta comunque di un motore nodale, i cui nodi sono visibili nel *Node Editor*.

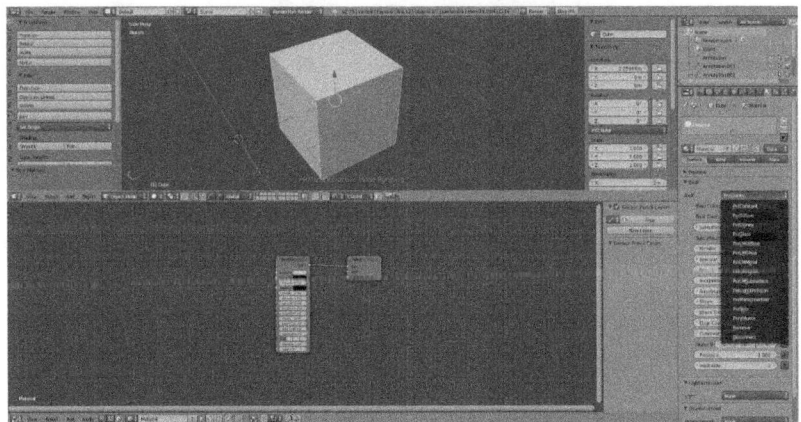

fig. 77 i nodi in *Renderman*

Spicca subito all'occhio che, assegnando un nuovo materiale

87

Renderman, viene assegnato di *default* non un *Diffuse*, ma un nodo complesso e piuttosto completo, detto *PxrDisney*, in cui vi sono i valori e i parametri relativi al *Diffuse*, al *Glossy*, all'indice di rifrazione, alla *roughness* e molti altri parametri. Questo nodo, che *Pixar* usa per i suoi capolavori, è forse il precursore dei nodi complessi e completi che, via via, stanno prendendo piede anche in *Cycles*.

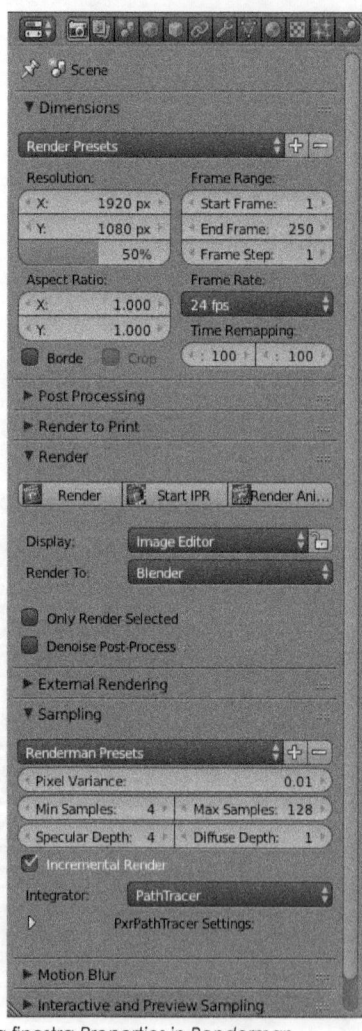

fig. 78 il *tab Render* della finestra *Properties* in *Renderman*

La *shortcut* SHIFT + Z per lanciare il *rendering* in *preview* nella *3D view* non è più disponibile, ma compaiono due pulsanti, sia nell'*header* della finestra *Info*, sia nel *tab Render* della finestra *Properties*, che lanciano il processo di *renderizzazione* o la finestra *IPR*, una sorta di visualizzatore immagini con alcuni strumenti, associato e incluso a *Renderman*. Potrebbe essere paragonato a una via di mezzo tra il visualizzatore immagini e la finestra *UV/Image Editor*.

fig. 79 i pulsanti di avvio *rendering*

fig. 80 l'icona di *IPR*

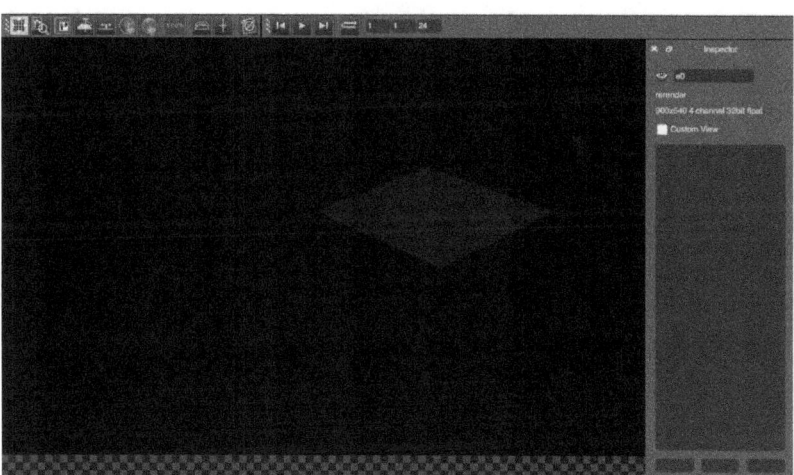

fig. 81 *IPR* in esecuzione

Naturalmente, oltre ai materiali, variano anche le luci per i quali esistono specifiche dedicate.

Quando allo *shader PxrDisney*, c'è da dire che è stato con successo sviluppato anche per *Cycles* ed è disponibile gratuitamente in rete.

Può essere richiamato in una scena e assegnato a un oggetto come un qualsiasi altro materiale, utilizzando il percorso *File > Append*, scegliendo il file *DisneyShader_Beta_v05.blend* e quindi tra le opzioni, direttamente uno dei nodi disponibili legati al file.

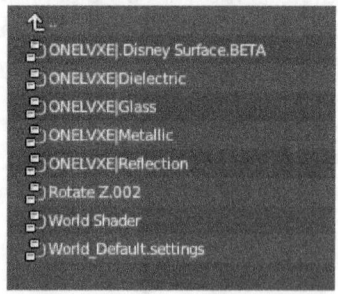

fig. 82 i nodi disponibili

Fra questi vi sono materiali dielettrici, metallici, trasparenti, pronti per essere modificati, oppure il nodo generico *Disney Surface*.

Una volta caricato con *Append* il nodo scelto, può essere richiamato nel *Node Editor* tra i nodi *Group*.

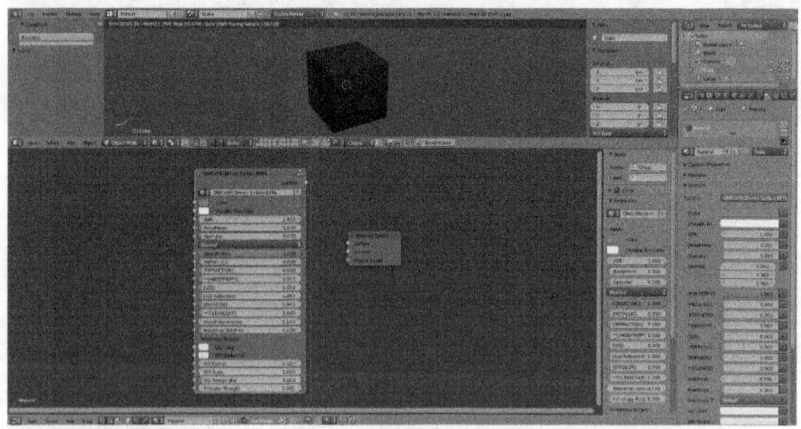

fig. 83 il nodo *shader Pixar Disney* nel *Node Editor* in *Cycles*

Esiste comunque, sempre su internet, alla pagina *http://graphicall.org/1192*, un altro *shader*, non ufficiale Pixar, ma simile al precedente, che è possibile richiamare direttamente dagli *shader* il nodo *Dinsey BFDS*, realizzato da *Pascal Shoen*.

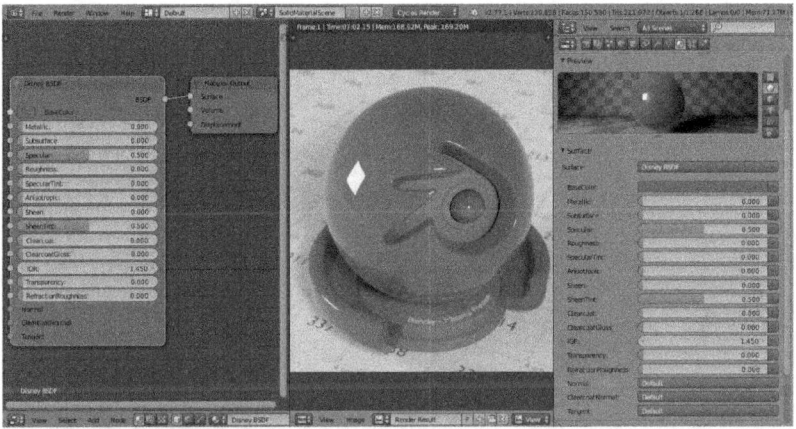

fig. 84 il nodo *shader Pixar BFDS*

7.2.2. The Rock Essential

Andrew Price e il suo *staff* di *Blenderguru* hanno recentemente prodotto un nuovo *asset*, sulla scia dei precedenti, molto utile per riprodurre rocce di vario genere ad altissima definizione.

Il lavoro è stato certosino e, grazie all'uso di *Photoscan*, è stato possibile ricreare una grande quantità di rocce di varia natura, forma e dimensioni, ad altissima definizione poligonale già provviste di *texture* mappate.

Il tutto è stato compilato in modo che, inserite le rocce desiderate con Append, è possibile accedere alle impostazioni direttamente in un efficace e comodo pannello nella *Properties Bar*.

fig. 85 preparazione del pacchetto, fotografando le rocce

fig. 86 *render* di una scena (fonte: *www.blenderguru.com*) con le rocce

fig. 87 pacchetto di rocce disponibili

A tutto questo, *Price* aggiunge un set di comodi *brush, dedicati alla scultura*, da inserire (sempre con *Append*, nello *Sculpt Mode*.

7.2.3. Real camera

Si tratta di un *addon* interessantissimo, molto utile per racchiudere in un unico pannello, presente nel *tab* Camera e attivabile con la spunta, tutte le impostazioni e i filtri di una macchina fotografica.

Salta all'occhio la possibilità di inserire alcuni effetti di tipo *glare* che, normalmente, possono essere inseriti solo in *Compositing*.

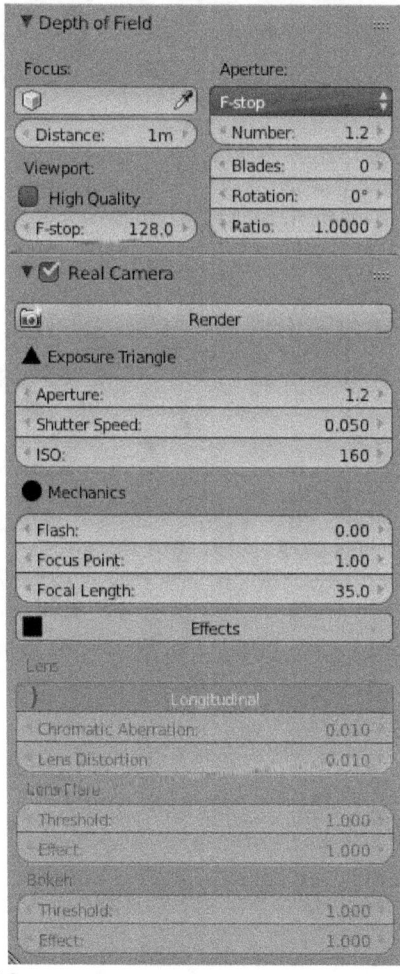

fig. 88 il pannello *Real Camera*

7.2.4. Crowdmaster

Lo *staff The Crowdmaster (http://jmroper.com/crowdmaster/)* ha sviluppato un bellissimo *addon*, alla versione 1.1.0, utilissimo per simulare, in modo personalizzato, le folle e l'intelligenza artificiale in Cycles, utilizzando completamente i nodi.

fig. 89 *Crowdmaster logo*

Nell'interfaccia, sono numerosi gli strumenti utili per animare e personalizzare il comportamento artificiale.

fig. 90 una simulazione realizzata con *Crowdmaster*

7.2.5. BHS Standard Material Node Ultimate Pro

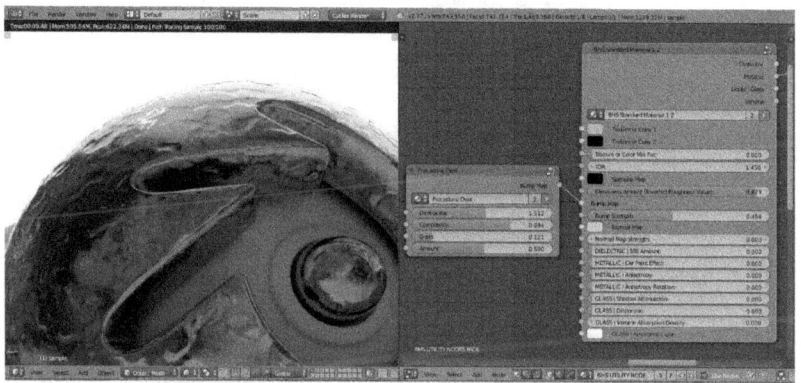

fig. 91 Standard Material Node

L'autore di questo libro, in collaborazione con il CG Artist e architetto Stefano Scarioni, ha realizzato uno strumento che consente di poter rappresentare, con il minimo sforzo, praticamente qualsiasi tipo di materiale, sia esso di natura dielettrica, metallica o trasparente, attraverso un unico shader, i cui complessi controlli sono celati all'utente che deve solo preoccuparsi di definire le impostazioni base.

Il prodotto è disponibile su sito ufficiale di Blender High School nella versione light e nella versione pro, direttamente alla pagina http://www.blenderhighschool.it/bhs-standard-material-node.php.

L'idea è nata dall'attuale corrente di pensiero, dall'interesse comune e dalla ricerca sfrenata di individuare la metodologia migliore per ottenere un fotorealismo coerente secondo le leggi della fisica, meglio noto come PBR (Physical Based Rendering).

La bomba sembrerebbe essere stata innescata da Andrew Price, il quale, in un tutorial dei primi mesi del 2016, ha affrontato il problema, sollevando l'interesse di molti e le critiche di alcuni.

L'argomento è stato poi trattato e interpretato da molti, tra i quali il sottoscritto.

Il cuore del discorso era incentrato, tra altri argomenti interessanti, sul presunto non corretto funzionamento del Nodo Fresnel, che potete seguire sul sito di Price qui: https://www.blenderguru.com/tutorials/pbr-shader-tutorial-pt1/.

95

Prima di elencare le principali caratteristiche del *BHS Standard Material Node*, ci preme fornire una breve spiegazione sul significato e sulla teoria dei *PBR*.

CAPIRE LA TEORIA DEI PBR (PHYSICAL BASED RENDERING)

Si tratta di uno studio che prende in esame il comportamento reale della luce sulle superfici, accantonando da molti i vecchi concetti approssimativi.

Diffusione (Diffuse) e riflessione (*Glossy*, per estensione, o *Specular*) sono due termini che descrivono la separazione più netta delle interazioni tra superficie e luce incidente.

È noto che, quando la luce, colpisce una superficie, parte di essa (o meglio alcuni colori) viene assorbita e dispersa, parte diffusa, restituendo di fatto il colore del materiale, e parte riflessa, secondo la bisettrice dell'angolo di incidenza della luce stessa, dando l'effetto della lucentezza, della specularità.

L'effetto della riflessione somiglia molto a quello ottenuto facendo rimbalzare una palla su un terreno.

La parola "speculare", spesso usata per descrivere l'effetto, deriva dal latino *speculum* che significa appunto "specchio".

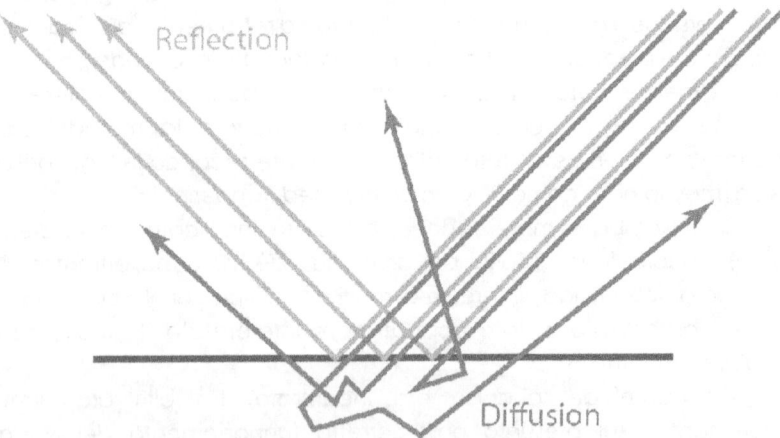

fig. 92 schema sull'interazione fra luce e superficie

96

Parte di questa luce, inoltre, viene diffusa a partire nello strato inferiore rispetto alla superficie. Questo fenomeno è conosciuto con la terminologia *Subsurface Scattering*. Si pensi ad esempio della luce che viene diffusa "dall'interno" in controluce da alcuni materiali quali, ad esempio, la cera, la gelatina, la pelle.

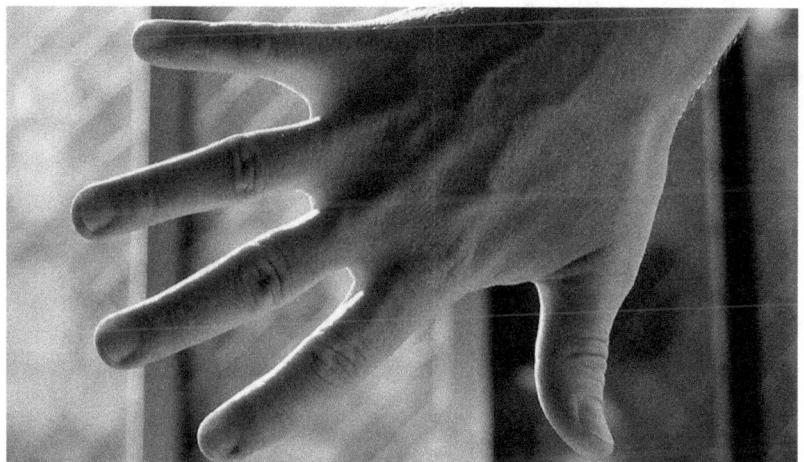

fig. 93 *Subsurface Scattering* della pelle umana

In alcuni casi la diffusione è più complicata e, specie per oggetti particolarmente sottili, la dispersione può avvenire sul lato opposto rispetto alla superficie incidente. In questo caso si parla di materiale *traslucido (Translucent)*.

In alcuni casi, ancora, la diffusione e la dispersione della luce incidente tendono ad azzerarsi, dando luogo a trasparenza. Si pensi ad esempio a molti liquidi e al vetro.

Se ne deduce, quindi, abbastanza facilmente, che diffusione e riflessione si escludono a vicenda. Questo concetto è meglio noto come **Principio di Conservazione dell'energia**.

A livello prettamente *matematico*, quindi applicato anche nel mondo della *CG* e della simulazione della realtà, questo principio è facilmente applicabile, sottraendo la luce riflessa a monte della diffusione.

Appare evidente che materiali molto riflettenti, tenderanno a mostrare poca luce diffusa (poco colore, detto a grandi linee). Nela condizione opposta, un materiale poco riflettente tenderà a mostrare maggiormente il suo colore diffuso.

Questo discorso, che più avanti verrà ulteriormente approfondito, vale per il materiali *dielettrici...* quelli cioè elettricamente isolanti.

Differente il concetto per i metalli e i materiali conduttori di energia elettrica.

Questi tendono, infatti, a mostrarsi maggiormente riflettenti, piuttosto che diffusi, talvolta, con riflessione "colorata", cosa assai rara per i materiali dielettrici.

Teoricamente il metallo non è colorato (diffuso). Il colore percepito spesso deriva da vernici, impurità e ossidazioni sulla superficie.

Ecco perché un metallo generalmente si rappresenta in CG con un parametro diretto della sola specularità, piuttosto che un *mix* fra un colore diffuso e uno *specular* (o *glossy*) accentuato, tipico, ad esempio di plastiche lucide o ceramica.

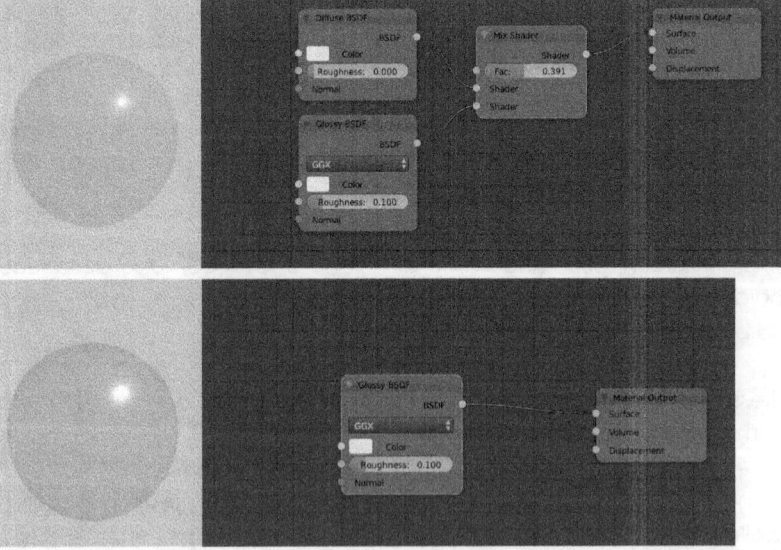

fig. 94 in alto rappresentazione semplificata di un *mix* fra *Diffuse* e *Glossy*; in basso il solo *Glossy* rappresenta meglio il comportamento di un metallo

Il concetto, in realtà, non è così semplice, perché il bilanciamento tra la componente diffusa e quella speculare rispetto a una superficie non è affatto costante.

In modo inversamente proporzionale all'angolo di incidenza tra superficie e la luce incidente, la prima apparirà più o meno lucida (ovvero riflettente, ovvero speculare).

Si pensi, ad esempio, all'effetto miraggio, alla strada bagnata in lontananza o al *parquet* che, se osservato dall'alto, apparirà opaco, mentre in lontananza più lucido.

Questo fenomeno è noto come **Effetto Fresnel**, dal nome del fisico francese *Augustin-Jean Fresnel*, che per primo lo descrisse e lo studiò nel XVIII secolo.

Una precisazione doverosa: *Fresnel* era francese, pertanto ci preme sottolineare che la pronuncia del suo cognome (e quindi del relativo) effetto è *"Fresnél"*, non *"Frenél"*, come qualcuno pronuncia con accento anglosassone.

fig. 95 *Augustin-Jean Fresnel* (1788 – 1827)

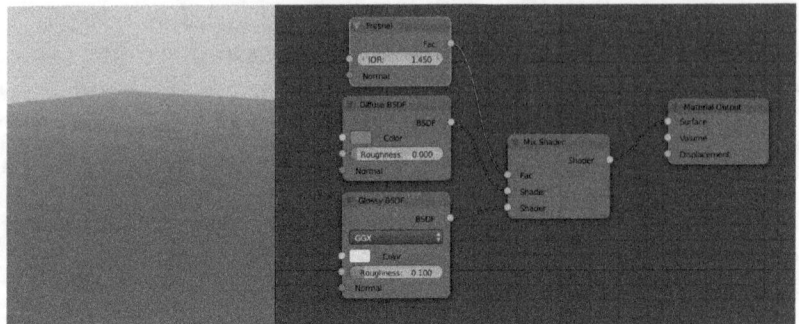

fig. 96 rappresentazione corretta di una superficie piana riflettente con l'*effetto Fresnel* utilizzando i nodi in *Cycles*

Fresnel asseriva che esiste uno specifico indice, proprio per qualsiasi materiale, che regola la variabile speculare in funzione dell'incidenza della luce. Tale indice è detto **Indice di Rifrazione** (*Index of Refraction, IOR*, in inglese).

Per le superfici curve l'effetto *Fresnel* è analogo: nella zona marginale della curvatura l'effetto speculare sarà maggiore, rispetto a quello normale all'incidenza della luce, e quindi, di conseguenza, anche rispetto al punto di vista, che apparirà invece opaco e non riflettente.

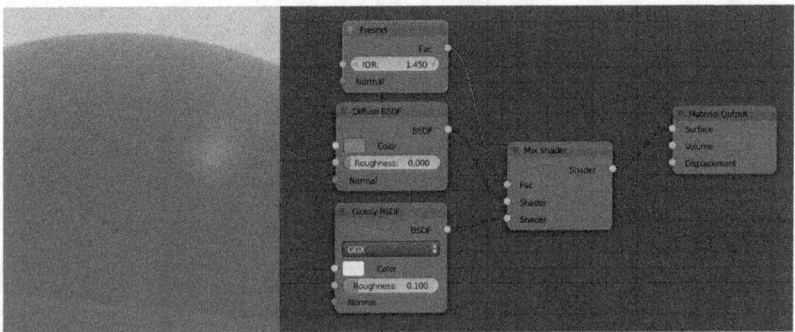

fig. 97 rappresentazione corretta di una superficie curva riflettente con l'*effetto Fresnel* utilizzando i nodi in *Cycles*

In pratica l'indice di rifrazione definisce un andamento gradiente della riflessione della superficie rispetto all'angolo di incidenza della luce.

100

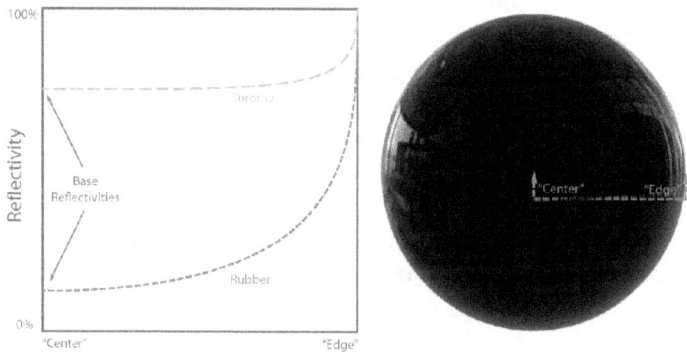

fig. 98 rapporto della riflessione rispetto all'angolo di incidenza della luce

Ma il discorso non è ancora concluso.

Esistono diversi altri aspetti che influiscono sulla riflessione di una superficie. Uno di questi è la granulosità della stessa (*roughness*), quella caratteristica che rende un materiale liscio o opaco, nonostante la sua capacità di riflettere.

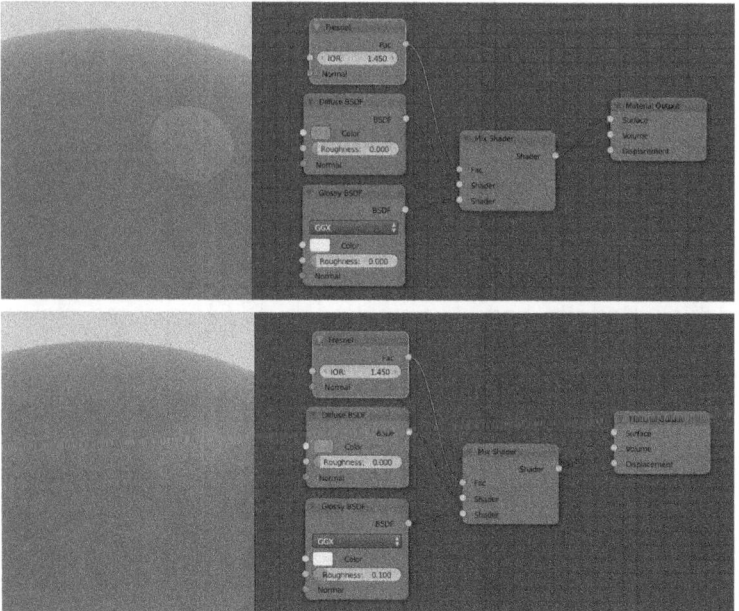

fig. 99 in alto *roughness* = 0 (effetto lucido); in basso *roughness* = 0.1 (effetto opaco)

Si pensi ad esempio ad un metallo che trattato a lucido (ad esempio cromo) di fatto può considerarsi perfettamente liscio (*roughness* pari a 0) o satinato (anodizzato, sabbiato, o acidato, a seconda della lavorazione) assume un aspetto più opaco (a esempio l'alluminio anodizzato, con *roughness* > 0).

La differenza nell'aspetto sta nella nitidezza della riflessione.

La *roughness* nella realtà rappresenta quella che viene definita come *Microsurface*, una rugosità fisica della superficie che, microscopicamente, devia e assorbe ulteriormente la luce incidente, generando un effetto dello *Blurry Reflection*.

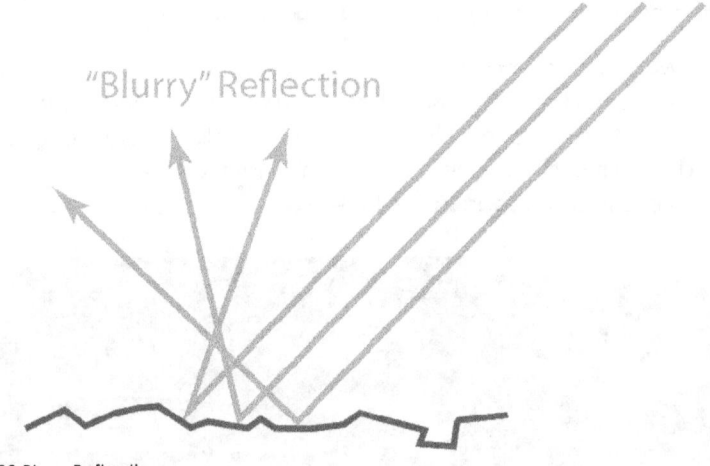

fig. 100 *Blurry Reflection*

In pratica, la granulosità della superficie, incide, ovviamente, non solo sull'effetto *glossy* (o *specular* che dir si voglia), ma interviene anche nell'effetto *Fresnel*.

Gli studi sui materiali *PBR* condotti, hanno concluso che quelle che definiamo come *Specular Map* determinano, sì, la quantità di *roughness* secondo un preciso schema, ma sommano il loro effetto con quello del *Fresnel*, in modo analogo all'importanza del *Bump*.

Price spiega piuttosto bene, nel suo videotutorial il funzionamento, a meno una svista concettuale che gli perdoniamo facilmente (ha usato una *Glossy Map* invece di una *Roughness Map* che sono esattamente l'opposto l'una dell'altra).

Ultimo aspetto che desideriamo affrontare riguarda ancora il *Fresnel*, ma non nella sua formulazione matematica, bensì nel modo con cui Blender interpreta il calcolo.

Abbiamo detto che l'*IOR* regola l'intensità dell'effetto di riflessione in modo da rendere la superficie maggiormente riflettente nelle zone marginali e praticamente opaca al centro della vista o nelle zone in cui la luce incidente è normale alla superficie.

Verrebbe da sé pensare che, nel punto o nell'immediato contorno della zona in cui l'incidenza è normale alla superficie, la riflessione è pari a 0. In effetti, a rigor di logica dovrebbe essere così.

Come sappiamo, spesso, la metodologia fattoriale di Blender è basata sulla scala di grigi, dove si intende bianco = sì e nero = no, piuttosto che bianco = valore 1 e nero = valore 2, e così via.

Ciò vale anche per il nodo *Fresnel*, ovviamente, intendendo che, dove la riflessione debba essere considerata massima, il valore è rapportabile al bianco e, dove nulla o minima, rispettivamente al nero o a grigio scuro.

fig. 101 rappresentazione del comportamento del nodo *Fresnel*

Il nodo *Fresnel* di Blender tuttavia valuta questo gradiente da bianco (riflessione assoluta) a grigio medio (riflessione bassa), anche nell'area dove l'incidenza della luce sarebbe normale alla superficie.

Questo ha scatenato tra i cultori della materia schieramenti più o meno distanti.

Personalmente noi avalliamo l'interpretazione di *Andrew Price*, che considera il nodo *Fresnel* non attendibile e apporta una modifica matematica alla configurazione dei nodi in modo da forzare il gradiente da bianco a nero e non da bianco a grigio.

In pratica per variare il gradiente, è stata apportata una sottrazione fra il gradiente originale del *Fresnel* e il grigio centrale costante, ottenendo un gradiente dal nero al bianco.

fig. 102 effetto della sottrazione e ottenimento del *Fresnel* realisticamente ritenuto più corretto

Tornando allo *shader PBR* **BHS Standard material Node Ultimate Pro**, è possibile ottenere un materiale dielettrico metallico o trasparente, aggiungendo, valori assorbimento della luce nel caso dei *Gass* (con conseguente effetto volumetrico), anisotropia e *car paint effect* per i metalli, *Subsurface Scattering* per i dielettrici...

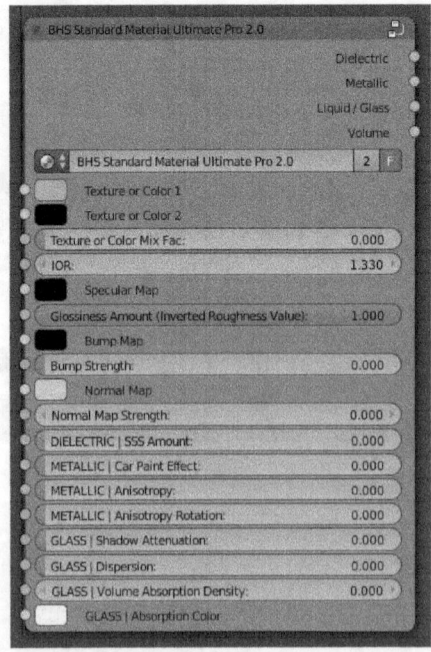

fig. 103 il *BHS Standard material Node Ultimate Pro*

Nella versione *pro*, inoltre è possibile ottenere maggiore realismo grazie a nodi procedurali di supporto che permettono di aggiungere graffi, ammaccature, crepe, corrosione, sporcizia e polvere, oltre che alcuni *tool* quali: *mapping* globale (con scalatura, rotazione e posizionamento nei tre assi, effetto di sfocatura della *texture*), sommare *Normal Map* e *Bump Map* e influenzando il *glossiness* e il *Fresnel* stesso, generare automaticamente le *texture* *Specular* e *Bump* direttamente dalla quella originale.

Il nodo è ancora in fase di sviluppo e certamente nelle prossime versioni, verranno aggiunte ulteriori *features*.

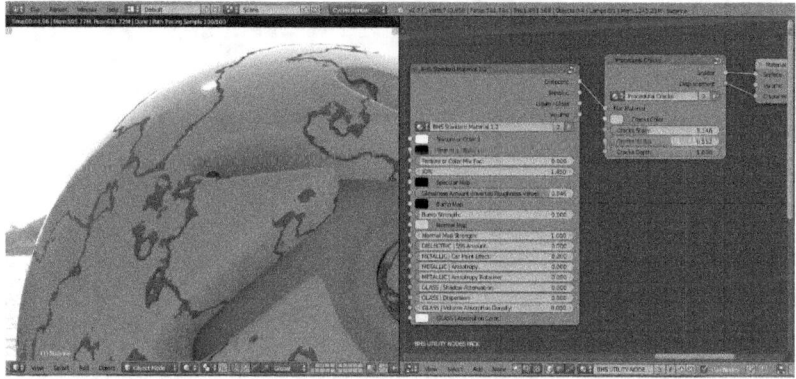

fig. 104 un'esempio di applicazione del nodo, con l'aggiunta di crepe sulla superficie

7.2.6. PBR Materials

Un altro *addon* interessante, benché meno strutturato e complesso rispetto al precedente, ma non per questo non degno di nota, è il *PBR Materials*, realizzato da *3DWolf*.

Questo *addon* non è un nodo da inserire con *Append*, ma un pannello nel *tab Material*, che consente di scegliere fra alcuni *preset*, scelti tra *Dielectrics* e *Metals*, con la possibilità di aggiungere alcune interessanti varianti procedurali come graffi e goccioline superficiali.

105

fig. 105 il pannello *PBR Materials*

fig. 106 un bellissimo *parquet* procedurale realizzato con l'*addon*

106

8

PER CONCLUDERE

8.1. Conclusioni e ringraziamenti

Siamo giunti al termine del primo volume sugli aggiornamenti. Devo dire che, a differenza degli altri non è stato particolarmente "traumatico" e sono felice di averlo realizzato. A questo punto l'obbligo di proseguire con l'impegno c'è tutto: a fine anno, puntale l'aggiornamento sarà disponibile. Blender è in continua ricerca. E' necessario andare di pari passo, o il rischio di riscrivere tutto insieme è troppo grande!

Desidero ringraziare tutti quanti coloro hanno contribuito alla realizzazione di questo quinto volume di **Blender - la guida definitiva**, la mia famiglia, ai collaboratori, agli amici che mi hanno supportato e consigliato, quali, tra tutti, il grande Stefano Scarioni (prezioso collaboratore e co-autore del BHS Standard Material Node e autore dell'immagine di copertina), Gianfranco Vigneri (amico di sempre) e lo staff WMA per il marketing, Francesco Andresciani, Massimiliano Zeuli (per il suo prezioso supporto morale e la grande tecnica nel montare i filmati di presentazioni e costruire insieme al sottoscritto le nostre splendide texture seamless), Andrea Rotondo, Filippo Maroni, Davide Scarpiello e Federico Pasqualoni per il supporto e la loro preziosa parte nei videocorsi, il 3D artist e amico Oliver Villar Diz (grazie per avermi scelto come revisore tecnico per la seconda edizione del suo libro Learning Blender), Andrew Price, Reynante Martinez e il mitico Gleb Alexandrov (per la collaborazione); ovviamente tutta la Blender Community e la Blender Foundation; le persone che seguono me e i due siti ufficiali www.blenderhighschool.it, www.blenderhighschool.net, nonché tutti i miei editori di Lulu.com che hanno creduto in questo progetto, in primis Renata. Desidero dedicare a tutti loro il successo di quest'opera.

Grazie.

Andrea

8.2. Riferimenti e Fonti

Per la stesura di questo volume si è fatto riferimento alle seguenti fonti:

- www.blender.org;

- www.blenderguru.com;

- www.marmoset.co.

8.3. Nota sull'Autore

Andrea Coppola, classe '71, è un professionista poliedrico: architetto, *designer*, 3D *artist* e costruttore (e parecchi anni fa anche musicista arrangiatore e produttore).

Vive dividendosi tra Roma (dove si occupa di architettura di interni e design e di training) e il Kenya (dove ha progettato e realizzato cinque residence di ville a Watamu: (consultabili sul sito www.lamiacasainkenya.com). In Kenya è anche socio fondatore della società di costruzioni Hendon Properties Ltd.

Titolare e fondatore dello studio di architettura di Roma L.A.A.R. (www.laboratoriodiarchitettura.info), ha lavorato e lavora tuttora come progettista di interni e designer (avendo progettato, tra l'altro, i due modelli di cucina "Nairobi" e "Skin" per Reval Cucine s.r.l. e la sedia "Cra Cra" per Art Leather).

Ha inoltre lavorato come coordinatore per la sicurezza nei cantieri edili (C.S.E.) e come assistente universitario presso la facoltà di Architettura di Roma "La Sapienza", insegnando in alcuni master.

Appassionato di computer grafica e in particolare di Blender, tiene regolarmente corsi, attraverso il sito www.blenderhighschool.it, uno dei principali riferimenti italiani di Blender e partner ufficiale di Blender Italia (www.blender.it). In questo sito, connesso con www.blenderclick.it (gestito con Francesco Andresciani), l'Autore cerca di dare il personale contributo alla causa di Blender, grazie alla sua versatilità, offrendo tutorial, trucchi, libri e prodotti gratuiti e/o a pagamento, oltre a servizi di modellazione e *rendering*.

È *trainer* certificato della *Blender Foundation* (BFCT).

Come consulente ha realizzato dei cataloghi per aziende di cucine (insieme ad Alan Zirpoli); per la Mars Society di Bergamo un progetto interattivo utilizzando le reali mappe del pianeta rosso fornite dalla NASA (con Francesco Andresciani); **per conto di Giampaolo Luglio / Efora della Beozia della ricostruzione di una fossa-bustum** con la *kline* lignea decorata disposta sopra una pira ritrovata in Beozia (Grecia) ed è stato revisore tecnico del libro *Learning Blender* di Oliver Villar (www.blendtuts.com).

Oltre a questa opera (in 5 volumi più aggiornamenti, pubblicata da www.lulu.com), ha pubblicato 8 *e-book* su Blender, 1 sulla stampa 3D, 10 videocorsi, una Academy a tema (Thematic Academy) su Blender; 3 *e-book* su Autocad; 1 corso di fonia e 1 *thriller* ("L'Altra Specie"), tutti editi da Area 51 Editore di Bologna (www.area51editore.com) e 4 videocorsi su Blender.

Per contatti:
blenderhighschool@gmail.com
www.blenderhighschool.it
www.blenderhighschool.net
https://www.blendernetwork.org/andrea-coppola

✳Blender Foundation Certified Trainer